中学受験なしで
難関大に合格する

新しい学力の育て方

ヒロユキ先生

青春出版社

生まれてきたわが子を
はじめて見たとき、
「元気で育ってくれれば、
それでいい」って
思いませんでしたか？

でも、
↑こんなことがあると、
「うちの子も中学受験をさせないと、
幸せな人生を歩めなくなるかも……」
って、つい思ってしまいますよね。

幸せになれる道すじは、
一つではありません。
子どもはそれぞれ違う特性、
能力を持っているものです。

それに、
最近の難関大学の入学試験は、
単純な暗記では対応できません。
「新しい学力」が
必要になってきているのです。

中学受験をしなくても、
学力のベースになる力があれば、
将来の可能性や選択肢は
大きく広がります。

子育てで一番大事なのが、
親の「見て待つ」という姿勢です。
これがあると、子どもは安心して、
すくすくと能力を伸ばしていけます。

子どもの能力を見きわめて
わが子をいい方向に導けるのは、
学校でも塾でもなく、
一番長く見ている親だけなのです。

これから、私が２０００組の親子とかかわるなかで学んだ、
子どもの能力を引き出すための具体的な方法をすべてお伝えします。
わが子の幸せな姿を思い浮かべながら、
何ができるのか一緒に考えていきましょう！

はじめに　どんな子でも、学力は親のかかわり方次第！

ひところ、「東大生の親の半分以上が、年収1000万円超」というニュースが世間を騒がせました。国税庁が令和5年に発表した「令和4年分民間給与実態統計調査」によると、日本人の平均年収は458万円ほどですから、**東大生の親は平均の2倍は稼いでいる人たち**だということになります。

また、毎年メディアが特集を組む「東大合格者トップ50校ランキング」を見ると、上位10校が軒並み私立中高一貫校であることから、「東大を目指すには、中学受験をして難関私立中高一貫校へ進学しなければ」と思い込んでいる親御さんは少なくありません。

「それって、親がある程度ステータスの高い仕事に就いていないと、子どもは東大に行けないってこと？」

「だって、そうじゃないと授業料の高い私立の中高一貫校には通わせられないよね」

「それに、中学受験にかかる費用も相当だっていうし……」

「ウチにそんなお金はないから、子どもにはいい大学はあきらめてもらうしかないな」
「でも、子どもの将来を考えたら、生活を切り詰めてでも、中学受験はさせたほうがいいのかもしれない……」

こんなお母さん同士の会話が聞こえてきそうです。

でもちょっと待ってください。このお悩み、次の三つの理由で論理が破綻しています。

①「いい大学＝東大」ではない

まず、あなたのお子さんの才能や学ぶ意欲を最大限引き出してくれる大学は、東京大学しかないのでしょうか？　多種多様な子どもそれぞれに合っている大学、優れた教授陣がいる教育環境の整った大学は他にもたくさんあります。

②「いい大学の合格者＝私立校出身」ではない

いい大学の合格者の出身校がすべて私立中高一貫校かというと、そんなことはありません。有名大学の合格者の出身校ランキングを調べると、各大学の合格ランキング1位から

10位までの高校名がわかります。

結果は、東京大学や一橋大学、東京工業大学、早稲田大学や慶應義塾大学、MARCH（明治大学・青山学院大学・立教大学・中央大学・法政大学）といった関東圏の大学でこそ、私立校出身者が約7割を占めますが、関西圏の京都大学や大阪大学では約5割、関関同立（関西大学・関西学院大学・同志社大学・立命館大学）では約3割しかいませんでした。さらに、旧帝大と呼ばれる名古屋大学や東北大学、北海道大学や九州大学に至っては、私立校出身者は1割程度です。

③「いい大学の合格者＝中学受験組」でもない

②で明らかになったように、関東圏でこそ中学受験組は7割ですが、全国で考えれば少数派です。もっと言うと、「中学受験の成功＝いい大学の合格」ではないし、「親の高収入＝いい大学の合格」でもありません。

私たちは、子どもの将来の幸せを願って子育てしているはずです。**子どもはみな一人ひとり個性が異なるのですから、子どもが幸せになる道すじもみな違うはず**です。その異なる道を見極め、適切に導いてあげるのが私たち親の役目です。

それなのに、「成功への道はこれしかない」なんて考えるのは思考の放棄であり、子育ての手抜きだと言えないでしょうか。

マスコミや教育雑誌、ＳＮＳやネット情報に踊らされないようにしましょう。次のような発言をする人は、それぞれの立場からそれぞれの思惑で情報を発信しています。

「東大やいい大学に行くにはお金がかかる」と主張する人たち。

「私立の中高一貫校の方が、いい大学に行くには有利である」と主張する人たち。

「中高一貫校へ行くには、塾に通う必要がある」と主張する人たち。

「塾の前には、幼児教室に通わせた方がよい」と主張する人たち。


このような主張の真偽を検証することはできません。インターネットの普及で情報過多になっている今の時代、不安をあおられないためにも、私たち親はこうした主張をする人たちの真意や意図をしっかり見極める必要があります。

こんなことを言う私は、もともと「公平・公正で社会正義に適《かな》った学校制度」を追究する研究者を目指していました。しかし、家庭の事情によって博士課程進学を断念し、妻の故郷である青森県で小学校教員になり、約25年間にわたって子どもと保護者に向き合ってきました。約２０００組の親子の家庭環境と進路を見てきて確実に言えるのは、**子どもの難関大合格は、親のやる気次第**だということです。

民間の調査結果（ｄｏｄａサービス）によると、青森県の平均年収は３６９万円。全国的に見ても決して高いとは言えません。また、青森市内に私立中高一貫校は2校しかなく、そもそも中学受験をする土壌がないというのが現実です。それでも毎年、多くの優秀な子どもが地元の公立高校から全国の難関大学へ進学していきます。

そういうわが子も、公立中学から公立高校を経て大阪大学へ進学しました。わが家は妻も教員ですが、特別裕福な家庭ではありませんし、共に教育を職業にしていますが、わが子に勉強を教えることはあまりありませんでした。高校生になるまでは塾に通わせたこともありません。最終的には本人の希望だった大学に進学することができましたが、幼少期を振り返ってみても、群を抜いて優秀な子というわけではありませんでした。

実をいうと、わが子には発達障害の傾向が少しありました。特に乳幼児期は、物音や光などの外部刺激に過敏に反応する、いわゆる「繊細で育てにくい子」でした。その後、彼の特性に合った保育園に出会ったことで、少しずつ育てやすくなっていきましたが、今でも多少の凸凹はあります。

では、どうやって自ら勉強をするようになったかというと、これから本書で詳しくお伝えしていく**「見て待つ」子育て**を続けていくうちに、少しずつ子どもの世界が広がったこと、そしてその中で**自分の「好き」を見つけられた**ことが大きかったと思います。大人でもそうですが、自分の好きなこと、興味のあることに関しては、「もっと知りたい」「もっと深めたい」という欲求が膨らんでいきますよね。

わが子が進学した大学は、自分の「好き」をたっぷり学べる環境として選択したにすぎないというのが、正直なところです。難関大に進学することを目標に小学生のうちからガツガツ勉強しなくても、**自分のやりたいことが見つかれば人は頑張れる。そもそも本人は「頑張っている」とは思わず、楽しく受験勉強に取り組んでいます。**

難関大に入るには、親の年収は関係ありません。中学受験もしなくても大丈夫。もっと言えば、子どもの才能すら関係ないのです。

必要なのは「ちょっとしたコツ」と、それを継続していく親の「やる気」です。

「ちょっとしたコツ」は、本書を読んでいただければ、すぐに実行できる簡単なもの。本書では、難関大に入る力を育てる親の行動として、四つの習慣を紹介しています。

この習慣は、私がこれまでかかわってきたたくさんの親子のなかで、「この親御さんのこういうところが素晴らしいな」「あの子がグングン伸びていったのは、親御さんのこういうかかわりがあったからなんだろうな」と思ったことや、私自身が子どもを育てていく過程で、ああでもないこうでもないと試行錯誤した末に見い出したものです。

文章にすると、その一つひとつは「なんだそんなことか」と感じるかもしれませんが、それをやり続けるのはたやすくありません。**継続していくあなたの意志がことの成否を分ける**のです。

毎日コツコツやることで、必ずお子さんは伸びていきます。私自身、わが子がどんどん成長していく姿を見ていくのは単純に嬉しかったし、自分の興味や関心を将来の夢につなげていく過程を目の前で見てきて、子ども自身の中からわき上がる力に幾度となく驚かされました。そして、「子育てってこんなに面白いんだ！」とワクワクしたものです。この喜びと感動を多くの人たちに伝えたい。そう思って、本書を書き始めました。

この本を手にとってくださったあなたと、あなたのお子さんの幸せな人生に、本書の内容が役立つことを確信しています。

家庭教育コンサルタント・小学校教師　ヒロユキ先生

中学受験なしで難関大に合格する「新しい学力」の育て方——もくじ

第4章 子どもの地頭を鍛える体験活動プラン

第5章 子どもの「成長しようとする力」を引き出す親の思考

第6章　発達障害、不登校を克服した親子がやったこと

企画協力　松尾昭仁（ネクストサービス株式会社）
編集協力　石渡真由美
カバー・本文イラスト　伊藤美樹
本文ＤＴＰ　佐藤純（アスラン編集スタジオ）

第1章

難関大合格に必要な「新しい学力」とは何か

ペーパーテストでは評価しにくい「非認知能力」

わが子にはできるだけ高い学力をつけてあげて、できれば「難関大」と呼ばれるような大学に入ってほしい。これは、偽らざる親の率直な希望だと思います。

「難関大」と聞いて、一番に思い浮かぶ大学はどこでしょう？

東京大学や京都大学は誰もが認める難関大です。その他の旧帝大といわれる大学も難関大と言われます。私立なら早稲田大学や慶應義塾大学も難関大ですね。難関大の定義はいろいろありますが、本書では旧七帝大や東京工業大学、一橋大学などの国立難関大学と、早慶の二つの私立大学を「難関大」とイメージして書いています。

では、これらの大学に合格するには、どのような力を身につけておかなければならないのでしょうか？

難関大合格に必要なのは、私たち親世代が慣れ親しんだ「暗記・計算・勤勉さ」といった力ではありません。これらの力は、教育の世界では、現在は「知識・技能」と呼ばれ、「従来型の学力」と考えられています。

もちろん、それらの力も必要ですが、それだけでは合格できないのが今の難関大の難しさ。**難関大の合格に必要になってくるのは、「自主性」や「創造力」「モチベーション」などのペーパーテストでは評価しにくい力**だからです。

これらの力は、心理学では「非認知能力」、教育学では「新しい学力」と呼ばれています。どこかで聞いたことがある言葉ではないでしょうか。

テクノロジーの発達によって、私たちが暮らす社会はめまぐるしく変化しています。このような変化の激しい社会では、いま目の前に立ちはだかる課題を解決したり、新しいアイデアを生み出したりする「考える力」が、知識を得ること以上に必要になります。

また、グローバル社会で言葉や価値観が違う人たちと一緒に仕事をして、暮らしていくには、相手に伝わる言葉で論理的に説明する力をつけることが重要です。

そこで、国も今の時代に合った「新しい学力」をつける教育に舵を切り始めました。それに伴い、大学受験も私たち親世代の常識とは大きく変わってきています。

親がこうした状況を知っていると、わが子にどのような力をつけさせたらいいのか、おのずとわかるようになります。

親世代とは違う令和の大学受験

まず、昨今の大学受験で大きく変わったのが、入試スタイルの多様化です。現在、幼児・小学生のお子さんを持つ親御さんといえば、40代の方が多いのではないでしょうか。この世代の大学入試といえば、教科学力を問う一般入試（現在の一般選抜）が主流だったと思います。推薦入試もありましたが、それを利用できるのはクラスでいつも安定的に成績上位をキープしていた優秀な子か、部活動などで活躍していた一部の人たちでした。

しかし、いまの時代の大学入試は、親御さんたちの時代とは大きく様変わりしています。現在の大学入試は、次の三つの選抜から成り立っています。

【一般選抜】

大学入学に必要な学力をペーパーテストで測るおなじみの方式。国公立大学か私立大学かによって、受験制度と受験科目が異なります。親世代の多くは、この入試スタイルを経験しています。

【学校推薦型選抜】

これまで「指定校推薦」や「公募推薦」と呼ばれていた方式。２０２０年度入試から、これらをまとめて「学校推薦型選抜」と呼んでいます。高校での成績やスポーツの実績、課題活動の実績などの取り組みをもとに、受験生の経歴やがんばりといった「これまで」を評価するもので、大学が指定した高校の生徒だけに出願資格がある「指定校制」と、大学が示す基準に達していれば誰でも受験できる「公募制」の2種類があります。

【総合型選抜】

２０２０年度入試まではＡＯ入試と呼ばれていた方式。ＡＯとはアドミッション・オフィスの略で、各大学・学部・学科が提示する「求める学生像＝アドミッション・ポリシー」に合った人物を採用するもの。選考方法は、活動報告書や志望理由などの提出書類のほか、面接や小論文、プレゼンテーションなどがあります。いずれも「高い学習意欲」と、「学びへの明確な目的意識」を見るもので、**受験生の「これから」の伸びしろに期待した入試**です。

全大学・入試区分別入学者の割合

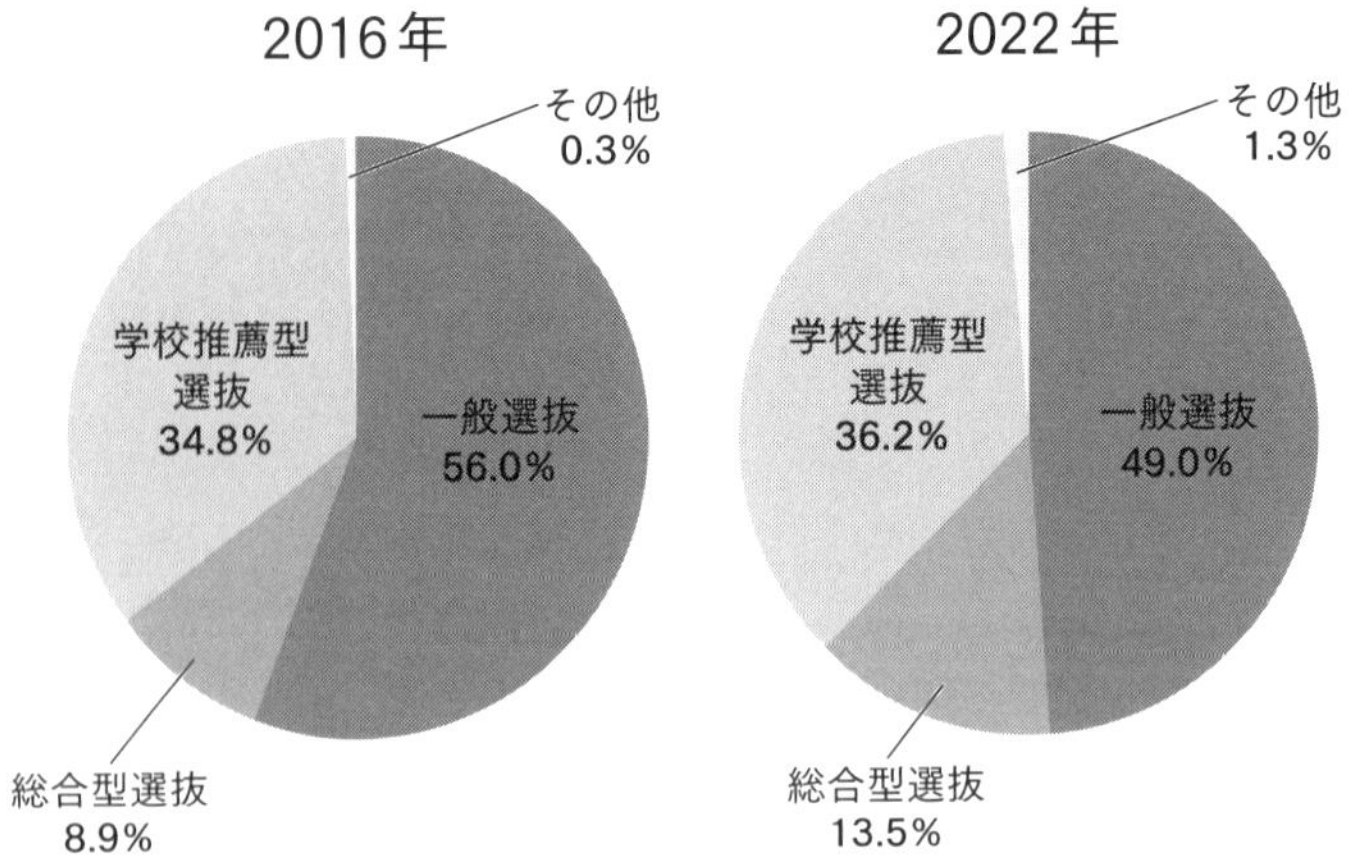

では、これらの入試スタイルは、どのような割合になっているのでしょうか。上のグラフをご覧ください。

グラフは、令和４年に文部科学省が発表したデータをもとに、ベネッセグループの個別指導塾・東京個別指導学院が現在の大学入試の入試区分別入学者の割合を示したものです。このグラフによると、２０１６年度入試から２０２２年度入試にかけての６年間で、「一般選抜」の割合が７ポイント低下。全体の半数を割って49％になっています。代わりに増えたのが、「総合型選抜」です。

ただ、国公立大学と私立大学に分けてみると、国公立大学ではまだ約８割が「一般

国公立大学・入試区分別入学者の割合

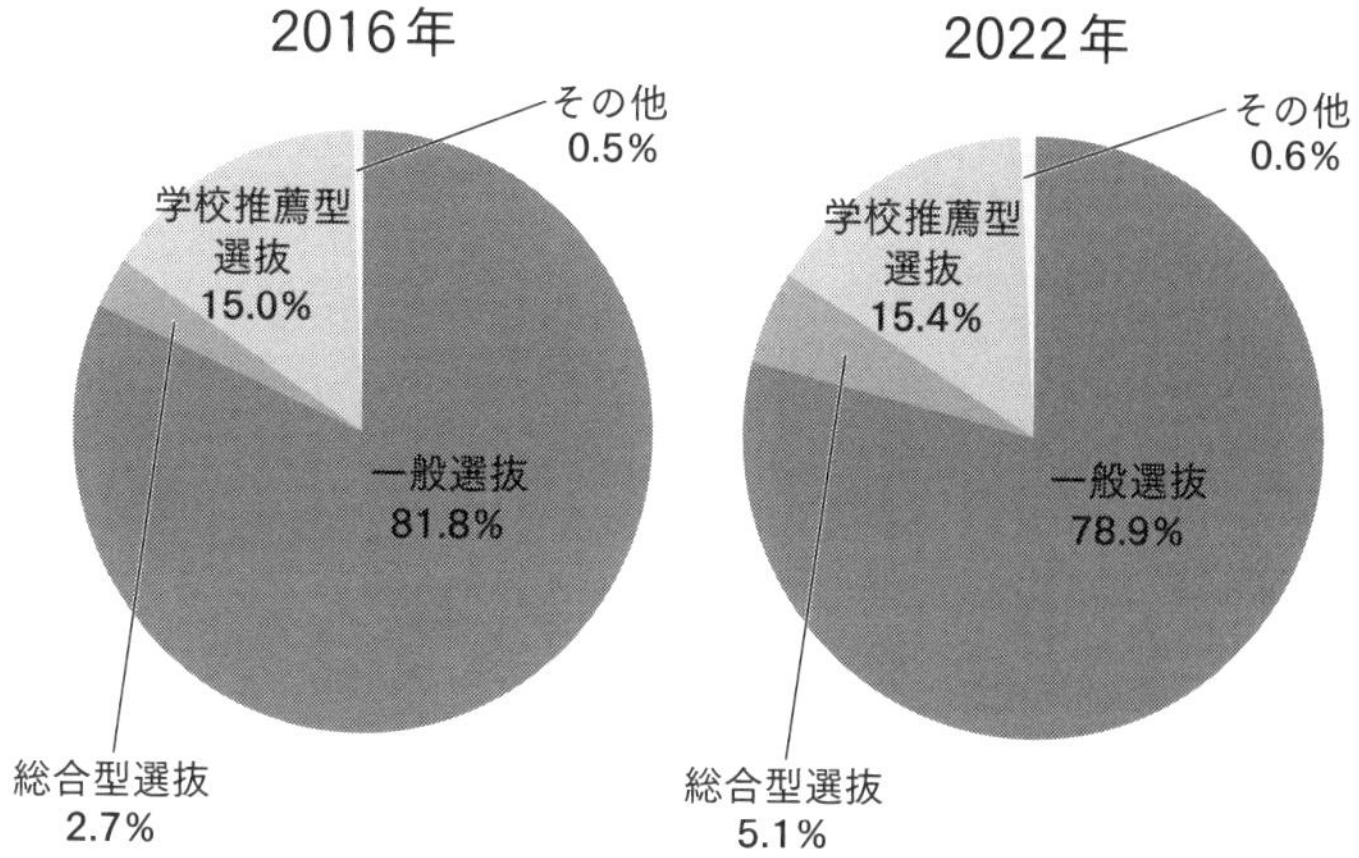

選抜」で、バランスの取れた学力が重視されていることがわかります。

「なんだ、結局、学力が大事なんじゃないか！」と思った人も多いでしょう。

たしかに学力は大事です。しかし、先にお伝えしたように、難関大合格に必要なのは、私たち親世代が慣れ親しんだ「暗記・計算・勤勉さ」といった力ではありません。ペーパーテストという形は従来のままですが、**その中身は大きく変わってきている**のです。

その中身とは、「自主性」「創造力」「モチベーション」などといった「新しい学力」です。これらの力をどのようにペーパーテストで確認するのか、実際の入試問

私立大学・入試区分別入学者の割合

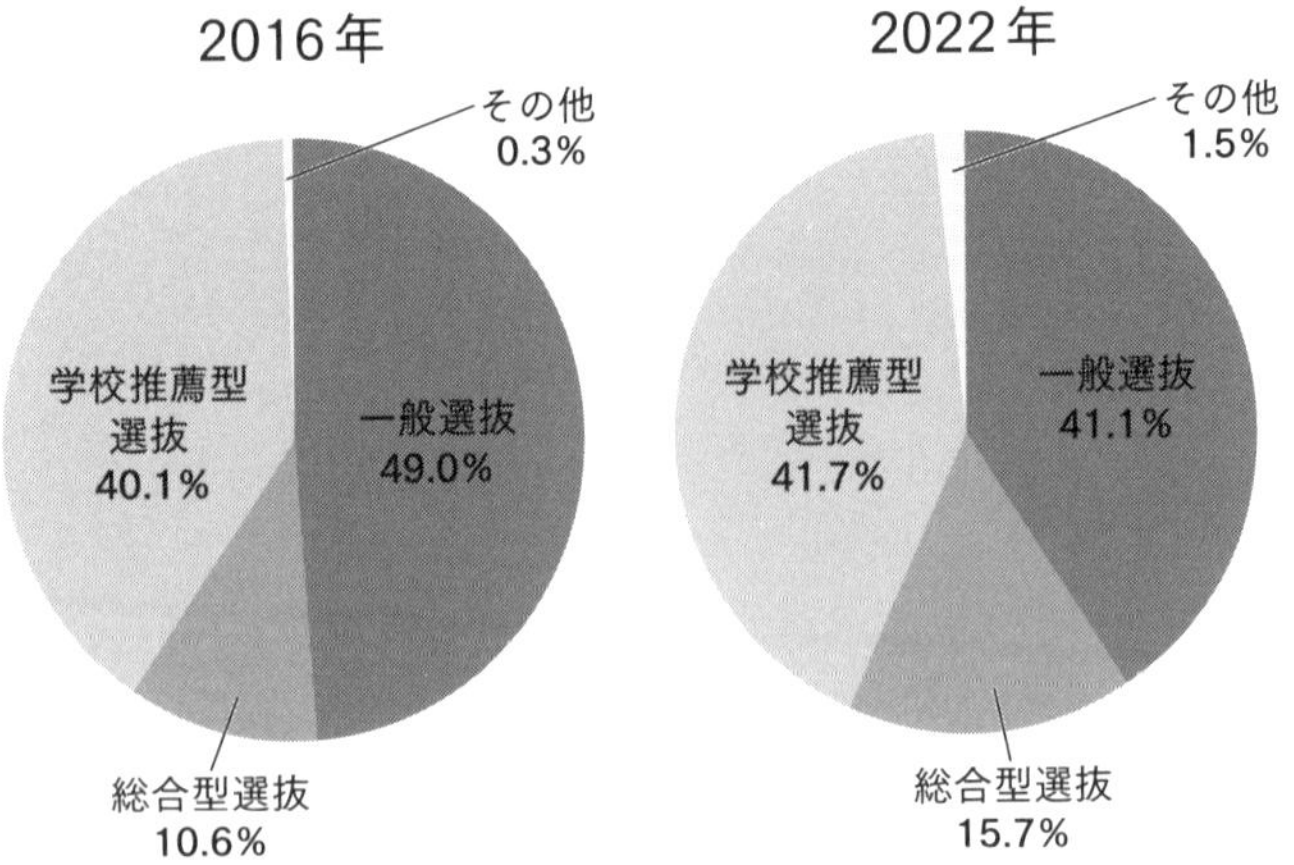

題で見ていきたいと思います。

また、現時点での割合はまだ少ないものの、今後は難関大でも「総合選抜」が増加していくといわれています。その背景には社会の変化が挙げられます。詳しくはのちほど説明しますが、教育とは人を育てること。つまり、**社会が変われば求められる人材も変わってきます。**このことを念頭に入れて読み進めてください。

暗記と反復学習が通用するのはMARCHまで

まずは、難関大とその他の大学の入試問題の決定的な違いについてお伝えしましょ

大学別一般選抜での入学者の割合（大学別・旧七帝大）

	2016年	2022年
北海道大	97.7%	95.7%
東北大学	78.5%	72.9%
東京大	97.5%	95.4%
名古屋大	81.7%	81.5%
京都大	97.2%	93.8%
大阪大	97.6%	90.8%
九州大	91.7%	90.0%

う。

難関大における合否を分けるのは、暗記量や計算スピードではありません。実は、ＭＡＲＣＨ以上の大学を目指す受験生の暗記量や計算スピードには、あまり違いがありません。それは、予備校のカリキュラムを調べればわかります。

大雑把にまとめてしまうと、予備校のカリキュラムは、難関大対策と称してＭＡＲＣＨレベルの暗記や計算対策を行い、さらに上のレベルを目指す受験生には各大学の過去問を併せて指導する形をとっています。つまり、旧帝大や早慶大を目指す受験生は、暗記や計算の能力はすでにあるものとして、「新しい学力」対策を過去問で行っています。「新しい学力」とは、「自主性」「創造性」「モチベーション」といった力です。

逆にいうと、**MARCHクラス以下の入試には、「新しい学力」を見る問題は含まれていません**。基礎力の定着度にもよりますが、学校の教師や塾の講師が教えたことを勤勉に暗記できる子なら、MARCHレベルまでは何とか成績を上げることはできます。実際、MARCHレベルまでは、今の親世代がイメージするような受験問題が出題されています。それが「難関大」とその他の大学との大きな違いです。

詳しくは後述の入試問題例と共に説明しますが、難関大の入試には「新しい学力」を見るための問題が必ず含まれています。すなわち、暗記や計算では正解できない問題が含まれているということです。これらの問題は正答率が2割前後で、これらの問題を正解できた受験生が難関大の合格者となっていくのです。

社会の大きな変化とともに、社会への窓口となる大学はその試験問題を大きく変えつつあります。**私たちが慣れ親しんだ「古い学力」をいくら積み上げたところで、難関大学には届かない**世の中へと変わったのです。

なぜ「新しい学力」が求められるようになったのか

現代社会では、「指示されたことを従順に、勤勉にこなす能力」があるだけでは不十分。**これからの働き手には、「自ら効果的な対策を考え、実行できる能力」が求められます。**

これらは労働環境の変化に起因します。日本経済が右肩上がりだった昭和から平成のはじめまでは、トップが立てた経営戦略や経営目標を指示通りに実行できる人が、社会における「いい人材」でした。そんな当時、就職でもっとも重視されていたのが「学歴」です。

受験生の数が膨大だったあの時代、受験の目的はふるい落とすことであり、どれだけ多くの知識を持っているかが勝敗を分けました。当時、厳しい受験戦争を勝ち抜いて難関大に進学できたのは、たくさんの知識を要領よく覚え、素早く答えを出す訓練を積み重ねてきた人でした。企業が求める「指示されたことを従順に、勤勉にこなす人」と見事に合致していたのです。私たち親世代が慣れ親しんだ「暗記・計算・勤勉さ」といった学力は、経済のグローバル化とＩＴ化以前の社会で必要とされた、「従順な働き手」を支えるための能力だったわけです。

しかし、今や「指示されたことを効率的にこなす仕事」は、ＡＩやロボットが安価かつ正確に行ってくれます。指示待ちではなく能動的に課題に対処する力や、ＡＩを使いこなして一人で大きな成果を上げたり、何役もこなしたりする力が求められているのです。

こうした社会の要望に応えるために、文部科学省は大がかりな学習指導要領の改訂を行いました。その目玉が、「アクティブ・ラーニング」です。

アクティブ・ラーニングにはさまざまな考え方がありますが、簡単にまとめると「子どもたちが中心となって、話し合いや活動を行いながら、課題に対する理解や考えを深めていこうとする学習スタイル」です。そこでは、教師は指示や課題を与えません。子ども同士の意見や気づき、活動をつなぎ、それぞれの考えが深まるように促すことに徹します。

この学習スタイルの転換が何を目指すのか、もうおわかりですね。アクティブ・ラーニングが目指すものは、**自ら能動的に課題に対処していける働き手の育成**です。そして、この「能動的な働き手」を支えるのが、「自主性」「創造性」「モチベーション」といった「新しい学力」です。ＭＡＲＣＨ以上の「難関大」は、こうした社会の変化にいち早く対応し、入試改革を行ってきました。

【難関大の一般入試例】なぜ横顔にしたのか？

では、「新しい学力」を見る問題とはどのようなものなのか、具体的に見ていきましょう。次の問題は、早稲田大学文化構想学部の「世界史」の入試（2022年度一般選抜）で、実際に出題されたものです。

> 資料Cは中国四川盆地にあった新石器文化の所産である青銅製の仮面である。この独特な縦目仮面に代表される文化の名称を記述解答用紙の所定欄に記しなさい。

この問題の正答率は2割以下です。ほとんどの受験生が、「こんな仮面、見たことない」と焦ったに違いありません。

ところがこの仮面は、中国長江文明の三星堆《さんせいたい》遺跡から出土した、「縦目《たてめ》仮面」と呼ばれる、とても有名なものなのです。有名どころか、教科書にも大きく取り上げられています。

そう、早稲田大学は受験生なら誰でも知っている超有名な仮面を、「横顔」で出題したのです。これはもちろん、受験生に意地悪をしたかったのではなく、受験生の「新しい学力を見る」ための出題です。

その真意を理解するために、この「横顔」を正解できた受験生がどのような人物かを考えてみましょう。

教科書にも資料集にも載っていない「横顔」を知っていた人物、それは学校や塾で三星堆遺跡を学習したあと、中国古代文明に興味をもち、自らネットや図書館で仮面を調べた人物、あるいは自ら博物館に出向いて実物を調べた人物ではないでしょうか。つまり、**興味を持ったことを自ら進んで追究することができる人物**、言い換えれば、**自主性と好奇心をもった人物**ということになります。

早稲田大学は、自主性と好奇心、つまり「新しい学力」をもった学生に入学してきてほしかったのです。実際、早稲田大学の入試要領には「好奇心をもった人物を求める」と、はっきり書かれています。

こういった問題が出題されるのは、早稲田大学だけではありません。慶應義塾大学も、旧七帝大も一橋大学や東京工業大学も、難関大はただの暗記や計算だけでは正解にたどり着けないこの種の問題で、受験生の「新しい学力」の有無を知ろうとしています。

その他にも「答えのない課題に対する受験生の考えを述べさせる」という問題で、受験生の「創造力や独創性」「積極性やチャレンジ精神」「読解力や表現力」を見るという問題もあります。こうした問いを通じて、知識を答えられるかではなく、**自ら考え、新たな発想をもって未来に挑戦していける人物かどうか**を見ているのです。

【難関大の総合型選抜例】なぜこの大学で学びたいのか？

続いて、総合型選抜（学校推薦入試）がどうなっているか、東北大学の入試を例に見ていきましょう。

東北大学の総合型選抜は一次選考と二次選考に分かれています。一次選考では、学校調書による書類審査と学力検査が行われます。学力検査は共通テストを利用するものと、学校独自のものがあります。どちらも内容は同じで、英語と国語の論述試験が課され、「読解力」と「表現力」が審査されます。

一次選考通過者は、二次選考で面接官による口頭試問を受けます。ここでは、「学問への熱意」「問題関心」「独創性」「積極性」が判断されます。

入試要項（２０２５年度）にも明記されていますが、総合型選抜にも一般選抜同様の学力が求められています。一般選抜との併願も可能なため、受験生としては「受験のチャンスが一回増えた」と認識しています。つまり、総合型選抜（学校推薦入試）は一般選抜と同じものなのです。

それを証明するかのように、総合型選抜には「新しい学力」を見るための論述試験と面接（口頭試問）が用意されています。ここで必要とされる力は、「熱意・関心」（＝モチベーション）、「独創性」（＝創造性）、「積極性」（＝チャレンジ精神）です。

面接ではペーパーテストでは測りにくい「熱意・関心」を中心に質問されます。具体的には、「なぜこの大学に入りたいのか」「この大学で何を学びたいのか」といった志望動機と、それに合わせて「将来はどのような職業に就きたいのか」「どのように生きたいか」という未来の自分像を聞かれます。

その際、星の数ほどある大学から「なぜこの大学の、この学部でなければいけないのか」を、説得力をもって説明する力も求められます。つまり、自分の思いを伝えると同時に、相手のこともよく調べ、知っていなければいけません。その熱意と関心を見て、志望する側の学生と受け入れる側の大学の思いが合致したら「合格」となるのです。

面接で選ばれる人になるには、日ごろから自分が「どういう人でありたいか」「どのように生きていきたいか」を考え続けていなければ難しいでしょう。

多くの学校は昔ながらの教育から脱却できていない

人は何もないところから考えを巡らせることはできません。なにかしらのきっかけや出来事があって、はじめて「自分はどういう人になりたいのか」「どんな世の中になってほしいか」「そのためにできることは何か」を考えるようになります。

その思考に至るまでには、さまざま経験が必要です。経験といっても、何か特別な体験をする必要があるわけではありません。本を読んだり、年齢の違う人と話をしたり、ボランティア活動に参加してみたりと、日常のなかでできることもたくさんあります。

また、親子の対話を大切にするだけでも大きな意味があります。**大事なのは、自らの体で感じ、考えてきたかどうか**です。

総合型選抜においても、一般入試とほぼ同様の「新しい学力」が求められていることがおわかりいただけたかと思います。

「新しい学力」が求められる問題は、こうした熱意・関心を見るものもあれば、「こういうとき、あなたならどうしますか?」といった独創性を見るもの、「あなたの考えを書きなさい」といった意見を求めるものなど、さまざまな形で出題されます。早稲田大学・慶應義塾大学では約2割、旧帝大では3~5割、やはり東京大学がいちばん多く、5割以上がこのような問題になっています。

ところが、巷ではいまだにたくさんの知識を覚え、問題を解くといった勉強がなされています。そんななかで、子どもたちが自らこうした大学側の選抜意図を理解し、必要な「新しい学力」を計画的に身につけていくのは無理のある話です。

次項で詳しく説明しますが、**学校や塾は「新しい学力」を身につけさせるための手段を持っていません**。そのため、ここにはどうしても親のサポートが必要になるのです。このことを理解せずに受験勉強に励んでも、「新しい学力」は身につかないので、的外れな努力をしていることになります。

難関大合格には、「新しい学力」が必要になること。それは親のサポートなくしては身につかないこと。これらを理解していることが、難関大合格へのはじめの一歩です。

「新しい学力」は親だけが育てることができる

子どもの教育を担う場所というと、学校や塾が思い浮かびます。しかし、結論からいうと、学校や塾では「新しい学力」を育てることはできません。なぜなら、学校や塾というシステム自体が、「新しい学力」の育成には向いていないからです。

では、「誰」が「どこ」で育てるのかと言えば、「親」が「家庭」で育てるのです。そもそも、自主性などは学力というより人間性に近いものです。それがどうやって育まれるのかを理解するために、まず、子どもが『新しい学力』を身につけるのはどのようなときかを考えてみましょう。

ある日、お母さんに急用ができて帰宅時刻が遅くなったとします。そのとき、留守番を頼んでおいた子どもが夕食のご飯を炊いておいてくれました。

この場面には、子どもが「新しい学力」を身につける機会がたくさん含まれています。

たとえばこの場面で、お母さんが「ありがとう。とても助かったわ」と子どもに感謝の気持ちを伝えたとします。すると子どもは、家族としての役割を果たしたことを褒められ、認められたことにより、この体験を通して奉仕の精神や協調性を身につけていきます。

あるいは、「一人でできてすごいね！」と声をかけたとします。子どもは、炊飯の技能を褒められ、認められたことにより、家事の技能に対する自信を深めていきます。

また、「自分で考えて、ご飯を炊いておいてくれたんだね。助かったよ」と声をかけたとします。すると子どもは、自ら考えて行動したことを褒められ、認められたことにより、自主性やチャレンジ精神を身につけていくのです。

奉仕の精神や協調性、自信、自主性やチャレンジ精神は、すべて「新しい学力」です。**「新しい学力」は、子どもの「行動」とそれに対する「周囲の反応」によって育ちます。**この非常に繊細な営みを、子ども一人ひとりに寄り添い、計画的・選択的に行うことができるのは親しかいません。学校の教師も、塾の講師も、家庭教師も、ここまで繊細な行為を継続的に行うことはできないのです。

塾や予備校が「新しい学力」を育てられない理由

「でも、自主性や協調性は学校の集団生活の中でこそ身につくんじゃない？」

そう考えた人もいるでしょう。人間の成長・発達に理解がある人だと思います。

私も、学校が人間性の成長に重要な役割を果たしていることは否定しません。ただし、それは「集団において」という条件つきのものです。

教師は自らが担任する子どもたちに対して、自主性や協調性、責任感といったさまざまな能力が身につくように働きかけます。実際、教師の働きかけに応えて、自主性を発揮するようになる子、協調性を身につける子、責任感を強くする子が現れます。

でもこれは、「新しい学力」の指導とは呼べません。なぜでしょうか？

それは**「自主性を発揮するようになる子」が、あなたの子どもとは限らない**からです。

親が自主性を身につけてほしいと願っていても、身につくかどうかは運次第。たとえ子どもに「自主性を身につけるようにがんばりなさい」と声をかけたとしても、クラスの中にあなたの子どもより自主性の発揮に優れた子どもがいれば、あなたの子どもが自主性を働かせる出番は回ってきません。

私たちは今、難関大合格のために、自分の子どもに、計画的・選択的に「新しい学力」を身につけさせる方法を考えています。学校での指導は、あなたの子どもにとって計画的でも選択的でもありません。運と環境に左右されるため、指導の結果が制御不能なのです。学校では、「新しい学力」を育てることはできないことになります。

次に、塾について考えてみましょう。

学校は「早寝・早起き・朝ご飯」などのスローガンを使って、「子どもの生活リズムを整えてください」などと依頼してきます。これは明らかに個人の家庭生活に指示を出すもので、子どもの人間性の育成にコミットしようとする意志の表れです。

一方、塾は決してそのようなことはしません。たとえ生徒が夜遅くまでスマホに夢中で塾の宿題がおろそかになっていても、家庭生活には口出しをしません。

宿題をしなければ塾で習ったことが定着せず、授業についてこられなくなるだけ。宿題をするかしないか、授業を有意義なものにするかしないかは生徒や家庭の問題であり、塾の問題ではない、というのが基本姿勢です。

つまり、**そもそも塾は「新しい学力」を身につけることに関心がない**のです。暗記や計算といった従来型の学力を効率的に身につけさせることに特化した組織なのです。

では、予備校はどうでしょうか？

「新しい学力」対策として、各大学の過去問に取り組んでいます。しかしこれも、「新しい学力」を育てようとしているわけではありません。

まず、生徒になにがしかの活動をさせ、そこで得た経験に対して、講師が「新しい学力」に対応した意味づけを行う、などということはありません。そんなことを生徒一人ひとりにしていたら、教えるべき学習範囲が終わらず、入試に間に合いません。

新しい学力への対策として行われているのは、せいぜい過去問演習くらい。つまり、予備校もそもそも「新しい学力」に関心がないのです。**「新しい学力」が問われる問題のパターンを分析し、それを効率的に暗記させようとしているだけ**です。したがって、塾や予備校でも「新しい学力」を育てることはできない、ということになります。

効果的なアクティブ・ラーニングができる教師はごくわずか

そうはいっても、文部科学省が定めた学習指導要領には「新しい学力」を指す内容が盛り込まれているし、実際に学校でもアクティブ・ラーニングが行われているのでは、と思った方もいるでしょう。

たしかに最近は、小中高でも「指示されたことを従順に、勤勉に」学ぶスタイルから、課題に対して「自ら効果的な対策を考え、実行する」学習スタイルへと変わりつつあります。それを象徴するのがアクティブ・ラーニングですが、残念ながら**アクティブ・ラーニングに対する姿勢や考え方には、教師によって大きな温度差があります。**

アクティブ・ラーニングという言葉が教育界に広がったのはここ5年ほどのことです。ですが、それよりもっと以前の2000年前後から、その言葉こそ使われていませんでしたが、教師の授業研究の国際比較を行っている東京大学の佐藤学教授が、ご自身の本でアクティブ・ラーニング的な授業構想や授業のやり方を紹介していました。授業研究に熱心な教師は、20年以上前からこうした授業を意識していたのです。私自身も以前からアクティブ・ラーニングの重要性を感じ、教科によっては取り入れることもありました。

そうやって積極的に取り入れていこうとする教師がいる一方、今までのままの授業スタイルを続けたいと考える教師も大勢います。その方が断然授業は進めやすいですから。アクティブ・ラーニングは指導者の力量がものをいいます。人間観や教育観、人間がものを学ぶときの過程に関する知見など、教養を含む指導者の資質に大きく左右されるのです。

アクティブ・ラーニングというと、子どもたちが自分の感じたことや意見を好きなように発言する場、というイメージが強いかもしれませんが、ただ言いたいことを言うだけでは収拾がつかなくなります。

そこで指導者が、「Aさんの話とBさんの話をつなげてみたら、もっといろいろな視点が見えてきそうだ」とか、「CさんとDさんの話を対比させてみたら、子どもたちがもっとよく理解できるのではないか」とか、人類が積み上げてきた知的な遺産と、今ここにいる子どもたちの話がどうつながるのかを考えながらコーディネートする能力が必要です。教養の高さや、その場を活性化させるテクニックが求められます。

こうした技術は一朝一夕に身につくものではありません。まして、教師自身が子ども時代に経験していない授業を行うのですから、何が正解なのかもわからない。新しい取り組みに対して、自信が持てないという人がいてもうなずけます。つまり、**いまの教師の力量では、効果的なアクティブ・ラーニングは期待できないというのが現実**なのです。

そもそも学校という場所は、クラス全体を指導することが一番の目的になっています。授業のスタイルを一斉授業から「アクティブ・ラーニング風」に変えてみたところで、授業時間は終わりが決まっているし、生徒全員の声を拾うことなど到底できません。「やってみて、できるだけ多くの生徒に身についてくれればいい」という考えで行っているので、その効果が出ない子も多数いるのです。ですから、何らかの目標やゴールに向けて子どもにしっかり力をつけたければ、やはり**一対一で取り組む「親」が最適**です。「新しい学力」を育てるのは、非常に繊細で、個別的な営みです。それができるのは、いつも子どものそばにいる「親」が「家庭で」行っていくしかないのです。

第2章

「新しい学力」を育てる親子の四つの習慣

中学受験をするメリットとデメリット

前章では、難関大合格には暗記や計算など従来型の学力とは異なる「新しい学力」が必要なこと、新しい学力は学校でも塾でもなく「親」が「家庭で」育てる必要があることをお伝えしました。この章では、この本のタイトルでも触れている「難関大合格に中学受験は必要なのか」ということについて、考えていきます。

中学受験のメリット・デメリットを考えるにあたって、まず「大学受験のゴールをどこに設定するか」が重要になります。

中学受験をするメリットがあるのは、ＭＡＲＣＨレベルの大学の合格をゴールとして設定する場合です。なぜかというと、中学受験を課す中高一貫校は、暗記や計算といった従来型の学力が効率よく身につくカリキュラムを組んでいるからです。

一方、**早慶大や旧帝大といった最難関大合格をゴールとする場合、中学受験はデメリットにもなりえます**。なぜなら、暗記・計算といった従来型の学力のほかに、前章で説明した「新しい学力」が必要になるからです。「新しい学力」を学校で身につけることが現実的ではない理由は、前述の通り学校という組織の本質に由来するものなので、私立だろうと国立だろうと、中高一貫だろうと関係ありません。

新しい学力は、小学生、中学生、高校生と、子どもの成長に伴走していくなかで、親が家庭で育てる。そう考えたとき、体力も脳の発達も不十分な小学生を、中学生が体験するのと同様の環境にさらすのは、子どもにとって相当な負荷となることは間違いありません。また、子どもの発達のスピードは千差万別です。**認知能力が早めに発達している子がいれば、時間をかけて少しずつ発達し続ける子もいます**。それなのに、特に発達差の大きい小学生のときに、一律に同じ問題に挑むことが良いことなのかどうか、子どもを一番よく見ている親こそが判断してあげるべきです。

また、そんな子どもを支える親にも、相当な負担がのしかかってくることは覚悟しなければならないでしょう。毎日の学習管理、塾への送迎や説明会への参加、子どものメンタルに対するケアなども必要です。中学受験には体力的、時間的な負担が大きくかかります。親子に多大な負荷がかかった状態で、親子で時間をかけて「新しい学力」を育んでいくのは、とても難しいことのように思われます。このような意味で、中学受験は、MARCH以上を目指す場合には、デメリットになりえると私は考えます。

大学まで私立だと一人1200万円近く必要

金銭的な負担も無視することはできないでしょう。中学受験をするのなら、小学3年生の2月から進学塾に通い、そこから3年間かけて準備をするのが一般的です。受験対策を塾に頼らなくてはいけないのは、中学受験の入試内容が小学校の授業で習う内容よりはるかに難しく、高度な抽象理解が必要になるからです。

誤解しないでいただきたいのが、私は中学受験自体を否定しているわけではありません。近年の中学受験の入試問題を見ると、「なかなか面白い問題を出すなぁ」「こんな良質な問題も出すんだなぁ」と感心させられるものもたくさんあります。

ただ、それに挑戦するには、塾に通うことが必須であること、またその塾代が高額であることに、不平等さを感じてしまうのです。

ダイヤモンド教育ラボ編集部の調査によると、首都圏で私立中高一貫校を中学受験する場合、塾代、受験代を含め、３年間で平均２５０万円もかかるといわれています。誰もがこのような大金を払えるわけではありません。

しかも、これはあくまでも平均です。通っている塾で順調に成績が伸ばせればこの範囲で収まりますが、そうでない場合は塾の授業についていけるようにするために系列の個別指導塾に通わせたり、志望校合格のために難関中学合格の実績を持つ中学受験に特化した家庭教師をつけたりと、あれよあれよと費用は膨れ上がっていきます。

人気中学受験漫画『二月の勝者』（高瀬志帆／小学館）にも出てくるように、気がつけば「課金」がやめられない状態になってしまうこともあるのです。

子どもの将来が、親の経済力で決まってしまってはならないと私は考えます。

さらに、受験が終わってからも多額の費用が必要になります。文部科学省が行った「２０２１（令和３）年度・子供の学習費調査」によると、私立中学校３年間、私立高校３年間の学費は以下の通りです。

・私立中学3年間：約430万（学校外活動費を含む）
・私立高校3年間：約315万（学校外活動費を含む）
・私立大学4年間：約408万（文系の場合）

さらに、きょうだいがいるご家庭の場合、下の子には公立でガマンしてほしいとは言いづらいものです。これらのことや家族の将来的な幸せも考えると、はたして本当に気軽に中学受験をすべきかどうか、じっくり考える必要があるとわかるでしょう。

「新しい学力」を育てることに親子の時間を費やそう

第1章でもふれたように、「新しい学力」が身につくのは子どもの「行動」とそれに対する「周囲（親）の反応」がマッチしたときです。受験勉強をさせながら、子どもの得意・不得意を見つけてあげる、または子どもが何に向いているか、どんな力を伸ばしてあげればその子の良さを発揮できるかを見つけてあげる。これができる親御さんであれば、中学受験に反対するつもりはありません。しかしこの繊細な営みを、中学受験というハードなチャレンジと並行して行うのはかなり難しいと言わざるを得ません。

いざ、受験勉強が始まってしまえば、毎日の学習を計画的にやらせること、少しでも成績を上げることに目が向いてしまうのは、普通の親ならごく当たり前です。そして**一度、中学受験というレールに乗ってしまったら、途中下車ができなくなってしまう**のが、この世界の怖いところです。お子さんが遊びやスポーツをしたくても、「今は受験だから我慢しようね」と、お子さんが本当にやりたいことから遠ざけてしまったり、親自身が目の前の点数しか目に入らず、子どもをまったく見ていなかったり……。

こうして、「新しい学力」を身につけるために欠かせない親のかかわりと真逆の行動に走ってしまう危険をはらんでいることを、私は危惧しています。

この**「子どもを見ていない状況」が一番問題**なのです。それよりは、将来必要になる「新しい学力」を育てることに親子の時間を集中させたほうが効果的ではないでしょうか。

このように考える理由は二つあります。

まず一つは、**「新しい学力」が身についてくれれば、子どもは自ら勉強するようになる**からです。詳しくはあとの章で解説していきますが、親が意図的・計画的に子どもの自主性を育てられれば、子どもは自ら考えて行動するようになります。

つまり、自分で大学受験というゴールを見すえ、自分の今の学力と残された時間を計算し、目標達成のための段取りを組む。これができるようになれば、自分で決断し計画したことなので、目標を達成する可能性もグンと高くなるのです。

二つ目は、**自ら考える力があれば公立校でもＭＡＲＣＨレベルの学力は十分身につく**からです。地方と都市部の教育格差が言われますが、地方中核都市のトップ校は、今でも十分に進学校の空気を残しています。勉強しよう、がんばろうという意欲に満ちた生徒や教師が大半なのです。これは、都市部の公立トップ校でも同様でしょう。勉強する雰囲気としては、私立の一貫校と遜色ないのです。

ただ、教師の質が私立に比べ劣っていることは否めません。私の子どもの例で言うと、県内の最難関校といわれる公立高校に通っていたので、難関大を目指す仲間には恵まれました。とはいえ、教師の大半は県内の大学出身でした。教師の質は出身大学だけでは測れないことは十分理解していますが、うちの家庭の場合、目指す大学に対して授業が物足りなかったことは事実です。

そのため、私の子どもや友人たちは、東進衛星予備校の映像授業やZ会の通信添削などで授業の不足分を補っていました。これらの対策も、子どもたちが自主性を発揮して、考えたり話し合ったりして決めたことです。

このように、**「新しい学力」が身についてきた子どもたちは、自分の人生を自分の力で切り拓いていける**ようになるのです。このようなことから、小学生生活の約半分の時間を中学受験の対策のためだけに使うのではなく、その先の生き方にもつながる「新しい学力」を育てることに、親子の時間を集中させるべきではないかと考えます。

二兎を追うより、より本質的な一兎をしっかり追いましょう、ということです。

教育格差のない世の中へ

いま中学受験が過熱している首都圏では、難関大合格トップ10に入るような最難関校から偏差値40以下の学校まで、実にさまざまな学校があります。受験ですから学力レベルは無視できませんが、それでも選択肢が豊富なのは恵まれた環境だといえます。

一方、地方はそもそも私立中高一貫校の数が少ないです。青森市でいえば2校しかありません。こうしたことから、地方都市では今も公立小学校、中学校から高校受験を経て県内の公立高校に進学するのが一般的です。このように、同じ日本という国に暮らしていながらも、子どもの進路における選択肢に差が生まれているのです。

これまで数多くの保護者と面談をする機会がありましたが、親御さん自身もあきらめていたり、そもそも子どもの将来について関心をもっていなかったりするケースが多く見られます。でも、子どもの将来を親が閉ざしてしまってはいけません。

もちろん、子どもが将来どうなるかなんて誰にも予想はできないのですが、例えば子どもがあるとき「もっと勉強したい」「この学問を深めたい」と思ったとき、基礎学力がまったくなければ、難関大へ行くことは難しいでしょう。

子どもが将来、学問に向かいたいと言うかどうかは、子どもをよく見ている親ならわかるはずです。それがわからないのは、親としてはかなりまずい状態だと言えます。

子どもは本来、学ぶことが大好きです。小学校に入学した時点では、どの子もみんな目をキラキラさせて授業を聞いています。それが次第に勉強に関心を持たなくなり、やがて勉強嫌いになる。その背景に親のかかわり、もしくは無関心が大きな影響を与えています。

首都圏の子どもたちに比べれば、地方の子には選択肢が圧倒的に少ないことは事実です。とはいえ、地方で努力を重ねて難関大へ進学する子はたくさんいます。なぜなら、親のかかわり方次第で、どんな子でも難関大を目指すことはできるからです。

本書では、その具体的なコツをお伝えしていきます。ですから、「ウチにはお金がないから」「地方に暮らしているから」といった理由で、安易にお子さんの可能性を狭めないでください。すべては、親の心もち次第です。

私は25年間の教員生活で、約２０００組の親子関係とその進路を見てきました。そんななかで、難関大に合格していく子どもと親は、ある共通の習慣をもっていることに気がついたのです。私はそれをマネして、自分の子育てに活用してみたのですが、「なるほど！」と納得することがたくさんありました。

そんな習慣をくり返しているうちに、私の子どもは自然と「新しい学力」を身につけ、青森の公立校から早稲田大学と大阪大学に現役合格できました。

新しい学力は、「子どもの経験」とそれに対する「周囲（親）の反応」によって形成されます。実践してみてわかったことですが、私が発見した次の四つの習慣は、「周囲（親）

の反応」を日常生活の中で、常に子どもの「新しい学力」を育成する方向に働かせるものだったのです。

これから、その四つの習慣を詳しく紹介していきます。みなさんがこれらの習慣を継続するだけで、お子さんも自然と「新しい学力」を身につけ、自らの目標を達成していくことができるようになるでしょう。

【習慣1】子どもの集中力と創造力を育てる 親子の読書習慣

日常生活を「新しい学力」を育てる場に変える一つ目のコツは、「読書習慣」です。

これは子どもの読書習慣ではなく、親子の「読書習慣」です。経験のある方も多いと思いますが、子どもは「本を読め」といっても読みません。後述しますが、すでにスマホやゲームの習慣を身につけてしまっているなら、なおさらです。

なぜ読まないかというと、本を読む意味も必要性も感じていないからです。本の世界の豊かさや有用性は、体験しない限り理解できません。子どもが単独で、自然と身につけられるようなものではないのです。親が先導者となり、ともに体験し、ともに振り返る場を持つことが重要なのです。

そこでおすすめしたいのが、「交代読み」という方法です。親子で順番に、交代しながら一冊の本を読み進めていくのです。

はじめは親の「読み聞かせ」からスタートします。私の子どもが通っていた保育園では、字の読み書きはしていなかったので、わが家は小学1年生になって字を学んでから始めました。読む本は、お子さんが興味を持ったものなら何でもいいです。

「そういわれても……」という方は、「日本子どもの本研究会」の『新・どの本よもうかな？』（国土社・金の星社）が参考になります。発達段階別に刊行されているので、ぜひ目を通してみてください。お子さん自身に本を選ばせることもできます。

交代読みのいいところは、子ども本人も読むことです。つまり、音読をするということ。音読が学習に有効なことは、いろいろなところで言われています。例えば「脳を鍛える」という意味で音読をすすめる人もいれば、読めない言葉に詰まることでその言葉に興味を持ち、調べてみるという行動につながることからすすめる人もいます。

私が効果を感じているのは、**自分で読むことで自主性や主体性、意欲が生まれ、本へのかかわり方が変わってくる**点です。ただ聞いているだけのときより、自分自身が物語の中に入っていける。すると、そのあとの会話の質がまったく違うものになるのです。

本選びは子どもに任せる

「交代読み」のコツは、「１日１章ずつ、毎日続ける」こと。読書に慣れていない子には、親が２、３章くらい読み聞かせてあげましょう。続きが気になって、お子さんもどんどん本の世界に引き込まれていきますよ。

また「１日１章」を続けるには、「交代読み」の時間を決めることも重要です。「この時間は必ず本を読む」と決め、親は何があっても守るのです。私たち親子の場合は、子どもの就寝前、ベッドに入ったときがその時間でした。１章読み終えたあと、感想を話し合ったり、続きを想像して語り合ったりしながら眠りにつくのです。

そうはいっても、小学校低学年のころ、『ナルニア国物語シリーズ』を読んだときには、続きが気になりすぎて親子で興奮してしまい、眠れなくなってしまったこともありました。私にとっても、かけがえのない時間だったことを覚えています。

読む時間は、親子が負担なく続けられる形であれば、いつでも大丈夫です。希代のストーリーテラーとして知られる作家のスティーブン・キングは、朝食前のお祈りの時間に家族で「交代読み」をしていたそうです。

もしお子さんが文章をすらすら読めないようであれば、「交代読み」は難しいです。その場合、お子さんが何歳であろうと（中学生であろうと！）、親が読み聞かせてあげてください。お子さんが「読みたい（聞きたい）」という本を選ばせ、1章ずつ読んであげるのです。それを十分くり返してから、絵本から「交代読み」をしてみてください。

「絵本なんて、幼児が読むもの」なんて、あなどってはいけません。小学校高学年や中学生の読書に耐えうる内容の絵本も、たくさん存在します。**お子さんの発達に合わせて、スモールステップで進んでください**。本を嫌いにしてしまっては元も子もありません。

こうした活動をくり返すうちに、子どもは「集中して聞くこと」「集中して読むこと」「想像しながら聞くこと」「想像しながら読むこと」を覚えます。また、読後の感想や続きを語り合うなかで、「創造力」も発揮するようになるでしょう。

「正しく読む」より「楽しく読む」

「読み聞かせ」や「交代読み」を親御さんたちにすすめてみると、よく「子どもが読み聞かせを聞いてくれない」「途中で飽きてしまう」といったお悩みを聞きます。私の妻もそうだったのですが、一生懸命に読み聞かせをしようと、「真面目に」読んでしまうお母さんが多いような気がします。

でも、正しく読む必要なんてありません。**親子の「読書習慣」の一番の目的は、親子の時間を楽しむこと**です。特に子どもが小さいときや男の子の場合は、大げさな演出が大事になってきます。一言一句、間違わずに読み聞かせるというよりは、その本の雰囲気やノリを大切にしてみましょう。

読み聞かせながら、「次、どうなるんだろう？」とか、「えー、そうくるの？」とか、読み手の感想を交えることで子どもの興味を引きつけられます。また、声色を変えたり、ページをめくる手を止めて子どもの表情を見つめたりすることでも、子どもの集中力は持続します。子どもが本に慣れていないときは、そうした演出（遊び）が大切です。

こういった行動は、どちらかというとお父さんの方が得意なことが多いようですが、夫婦のどちらか得意なほうが担当すればいいでしょう。

大事なのは、「気まぐれ」ではなく、毎日習慣化させることです。そのためには、親自身が楽しめるかどうかがポイントになってきます。

大好きな本の印象が創造力を駆り立てる

本は子どもの想像力を駆り立てます。特に文字が少ない絵本は、その絵から本の世界を想像することになります。

『おしいれのぼうけん』（ふるたたるひ・たばたせいいち／童心社）という絵本を読んでいたときのことです。この本は5歳以降の幼児向けの本ですが、押し入れの中の物語だけあって、本全体が暗く、ストーリーもちょっと怖い。これがとても面白くて、私たち親子は手に汗を握ってドキドキハラハラしながら交代読みをしました。

特に息子が怖がっていたのが、主人公の二人の男の子が真夜中の誰もいない高速道路を走って逃げる場面です。道路の両側にある水銀灯が、みんな青い光をともしたねずみになっていて、そのねずみが「怖い、怖い……」と怯えていました。それがよほど怖かったのでしょう。私たちがこの本を交代読みしたのは、息子が7歳のときでしたが、それから何年かあとまでずっと、夜の高速道路を車で走ると、街灯に向かって「あ、あそこにねずみがいる」と話していました。

あるとき、どういう話の流れでそうなったのかは覚えていませんが、息子が「ねずみ側から見たら、どういう景色なんだろう？」とぽつりと言い出したのです。それまでは、ねずみに見張られている状態で怯えていたのですが、高速道路の街灯側から見たら、自分たちはどういうふうに見えるのだろうと思ったのだそうです。「なかなか面白いことを考えるな」と息子の発想を面白がったことを記憶しています。

それからずいぶん経った小学5年生のときのことでした。青森市では「ねぶた絵コンクール」という小学生を対象にした歴史ある大きなコンクールがあります。毎年何千人もの子どもが応募をするなかなかハードルの高いものですが、「僕もコンクールに応募したい」と息子から言ってきたのです。ちょうど夏休みの宿題で絵を描くことになっていて、それを「ねぶた絵コンクール」に出したいと言うのでもちろんOKしました。

すると、息子は高速道路側の視点、つまり、ねずみの視点で絵を描き始めたのです。ところが、描いている途中で「ここがうまく描けないんだよな」と筆が止まってしまいました。そこで、私は「じゃあ、あのホテルの上から見たら、どんな景色が見えるかな？

ちょっと行って見てみようか」と誘い、ホテルの上から見たねぶたの写真を撮って参考にしてみました。その構図の取り方が斬新と評価されたようで、その年のねぶた絵コンクールで、なんと金賞をとってしまったのです。これには、本人も大喜びでした。

「あの『おしいれのぼうけん』がここにつながったのか！」と、私自身も驚きました。息子は7歳のときの『おしいれのぼうけん』を読んで以来、ずっと「想像力」と「創造力」を働かせていたのです。

このような賞がとれたのは、息子が絵を描くことが好きだということを知っていたからです。息子が通った保育園は、「斎藤公子メソッド」という子どもの全面発達を支える保育を行っていました。こちらの保育園については、第6章で触れますが、絵本の読み聞かせや絵で表現することをとても大切にしていました。

その影響もあってか、息子は絵を描くことがとても好きでした。ですから、将来的にそちらの方面へ進みたがる可能性もあると思っていたのです。そこで、「絵を描く」ことについては、とことんつき合ってあげようと思っていました。

息子がねぶたの絵を描いていたとき、途中で筆が止まってしまいました。もし、親が忙しかったり、心の余裕がなかったりしたら、「ここはこんな感じでいいんじゃない」と適当にあしらい、早く完成させることを促していたと思います。でも、私は息子が納得するまで取り組んでほしかったので、ヒントを渡してあげました。それを行動に移し、最後まで粘り強く描き進めていった結果として金賞をもらえたのですから、大きな自信になったことは間違いありません。

「ハリー・ポッターシリーズ」から独学で英語を習得

こうしたことから、私は息子が絵の道に進むのだと思っていましたが、その予想は見事に、気持ちよく裏切られることになります。息子が小学3年生のとき、わが家では『ハリー・ポッターシリーズ』が大ブームでした。分厚いハリー・ポッターの本を1章分交代読みをすると、軽く1時間を超えます。しかも話の展開が面白いので、続きが気になってしまい、就寝前の静かな時間にかえって興奮してしまうことがしょっちゅうでした。

その後、「交代読み」は別の本へと移っていきましたが、息子は一人で何度も、何度もくり返し読んでいました。

5年生になって、学校で「外国語」の授業が始まったころのことです。息子はハリー・

ポッターのＤＶＤを観たいと言い出しました。小学校の授業では、音声英語を学んでいましたが、「あっ、この言葉知ってる！」「ハリポタのあのシーンで出てきた」と気づくことが多かったようで、英語に興味をもち始めたのです。

そして、小学校の教科書を手にしながら、『ハリー・ポッター』のＤＶＤの字幕を消して観るようになりました。小学校で習う英語のレベルで『ハリー・ポッター』が理解できるとは到底思いませんでしたが、息子はそれまでに何度も本をくり返し読んでいたので、ストーリー自体がわかっていたのでしょう。

だから、言葉そのものがわからなくても、ストーリーを楽しむことはできたのです。そうやって、小学校で習った英語の音声を頼りに、自分の脳内で再生して聞いていたのだと思います。そのためか、英語に苦手意識をもつことなく、むしろ、自分の知っている単語が出てきたときの喜びを感じながら、楽しんで学んでいる様子が伝わってきました。

中学生になって英語の授業が始まると、さらに意欲を見せるようになりました。中学入学と同時に「英検を受けたい」と言い出し、英検にチャレンジ。中学のうちに英検２級を取り、高校で英検準１級に合格。息子にとって、英語は得意科目になりました。

その間、海外には一度も行ったことがありません。もちろん、そういうチャンスもつくってあげられればなお良いのでしょう。ですが、英会話を習わせたり、短期ホームステイや留学をさせたりと**特別にお金をかけなくても、本人が前向きに取り組めば誰でも英語が得意になれる**のです。

語学を学ぶ楽しさを知った息子は、高校に入って古文も得意になりました。本人いわく、古文も外国語を学ぶのと同じなのだそうです。また、独学で中国語も、ドイツ語も、フランス語も学ぶようになりました。要は語学オタクなのです。どんな国の言葉でも、「知らない言葉を知るのは楽しい」と思えるから苦に感じないし、楽しいから自然と身についていく。語学で苦労した私からすると、なんともうらやましい特性です。

そして、最終的に息子はアラビア語の道を選択しました。現在、息子は大阪大学でアラビア語を専攻しています。それを使って（または使わないで）、何になるのかはまだわかりません。ただ、確実にいえることは、幼少期に親子で楽しんだ「交代読み」が、息子の人生の選択に大きな影響を与えたということです。

子どもの才能を凌駕する親の「読書習慣」

「新しい学力」とは少し論点がずれますが、親の「読書習慣」のものすごい効力も紹介しましょう。私が同時期に担任した二人の子どものお話です。

小沢くんは、ＩＱ１２０超のいわゆるギフテッドで、塾に行っているわけでもないのに中学受験の過去問を難なく解いてしまうような子でした。ある日、休み時間に私が本を読んでいると、「大人も本を読むんだ！」とたいそう驚いていました。彼は個人商店の三男で、親御さんが忙しくて手をかけられていないことがよくわかる子でした。彼の周囲の大人には、「本を読む」という習慣や時間がなかったのでしょう。

小沢くんは小学生時代、中学受験の問題も難なく解ける頭のいい子でしたが、中学で「金髪・眉なし」となり、高校へも進学できませんでした。とりたてて家族関係が悪かったわけではありませんが、まわりの大人から学ぶ楽しさを教えてもらえなかったのでしょう。やがて勉強に興味を示さなくなってしまったのです。

もう一人の佐藤さんはＩＱでいえば１００弱、平均よりいくらか劣る程度でした。授業をしていても、知的に優れるところを感じる子どもではありません。佐藤さんは、小沢くんが私に向かって「大人も本を読むんだ！」とびっくりしていたとき、ちょうどその場に居合わせていました。そして、とてもうれしそうにこう言ったのです。

「私のお父さん、毎朝、英語の新聞読んでるよ！」

彼女は夫婦共働きの公務員家庭の子でしたが、二浪を経て、私立の医学部に進学していきました。

小沢くんと佐藤さんの学歴の差は、どこから生まれたのでしょうか？ 彼らの才能（IQ）の差ではないですね。では何が差を生んだのか。それを理解するために、私が担任した後の彼らの人生を想像してみましょう。

中学生になって、本格的に英語の学習が始まったとき、佐藤さんは英語を覚えることを大変だと感じたでしょうか？ 私は、彼女はむしろ、喜ばしい気持ちだったのではないかと考えます。英語を覚えることは、あこがれのお父さんに近づいているという気持ちだったのではないでしょうか。そんな彼女が、英語を習得するのに大きな苦労はなかったでしょう。

一方の小沢くんはＩＱが１２０を超えていようと、英語を覚えることに興味はなかったと思われます。なぜなら、英語を覚える意味も必要性も、彼には理解できなかったからです。そしてこれは、英語だけにとどまりません。小沢くんは、勉強すること自体の意味も必要性も、理解できなかったのではないでしょうか。

これは少し極端な例かもしれませんが、家庭の読書習慣、特に親の読書習慣が、子どもの将来にどれほどの影響を及ぼすかをよく表していると考えます。**親の読書習慣は、子どものもって生まれた才能よりも重要な意味をもつ**ものなのです。

【習慣2】子どもの好奇心とモチベーションを育てる親子の会話習慣

日常生活を「新しい学力」を育てる場に変える二つ目のコツは、「会話習慣」です。これは、「読書習慣」とセットだと考えてください。

子どもと「交代読み」を続けていくと、親子でさまざまな会話や深い語り合いが自然と生まれます。そのため、「親子の会話の時間を確保しよう」と考える必要もありませんし、無理に「会話しよう」とする必要もありません。

ただし、心がけていただきたいことが二つあります。

一つ目は、親の「自己開示」です。**会話をする際は、相手が子どもだと考えない**こと。親が本音で話せば、子どもは本音で応えてくれます。親は相手を一人の人間として全力で語り、子どもの話を全力で聞く。本音で親の人生観、倫理観、世界観を語り、子どもにぶつけてみるのです。

子どもは、その場では親の話を理解できないかもしれません。でも、それでいいのです。子どもは、親が本音で話してくれたことを決して忘れません。親の本気の語りは子どもの心に深く刻まれ、時間とともに熟成されていきます。子どもは、人生の折々で親の言葉を思い出し、かみしめることでしょう。

また、親が本音で語った人生観や倫理観は、子どもが自分の人生や他者、世界に対する関心を深めるきっかけになります。これが子どもの好奇心と学問へのモチベーションを太く、深くするのです。

子どもの質問には「答える」のではなく「応える」

『１００万回生きたねこ』（佐野洋子／講談社）という絵本を「交代読み」したときのこと。このお話はとても有名なので、読んだことがある方も多いのではないでしょうか。読み終わったあと、息子が私にこう尋ねました。

「なんで猫は生き返らなかったの？」

それに対して、私は「なんでだろうね」と返しました。そしたら、息子が「僕たちも生き返るの？」と聞いてきたので、「仏教ではそういうふうに考えているよね。仏教では『生まれ変わる』という言い方をするね」と答えました。すると息子は、「じゃあ、僕も誰かの生まれ変わりなの？」と驚いた表情を見せて聞いてきました。それに応えるように、私は「生まれ変わりから抜け出した人のことを『仏陀』と言うんだよ。悟りを開いた人なんだよ」と教えてあげました。「じゃあ、猫は仏陀なの？」。すかさず、息子が聞いてきます。そんな会話を延々としていたことを思い出します。

当時、６歳の子どもだった息子に「仏陀」の説明をしたところで、よく理解できないのは十分承知していました。でも、それでいいと思っていました。今はわからなくても、いつか「ああ、あのとき、お父さんが話していたことはこういうことだったんだな」と思い出す日が来るかもしれないし、来ないかもしれない。でも、あのとき、生き物が死んだあとはどうなるかという普遍のテーマについて、親子で会話を深められたことに大きな意味があるのだと思っています。

子どもが投げかける問いは、ときに大人を困惑させます。こうした質問に「正しく答えなければ」とプレッシャーを感じたり、またはその逆で「そんな答えのないことを聞かないでくれ」と迷惑に感じたりする人もいるでしょう。**でも、どうか子どもの問いに「答える」のではなく、「応えて」あげてほしいの**です。

正解を答えなければ、と構える必要はありません。ただ、親子の会話を楽しめばいいのです。私も何かを教えようという気持ちではなく、また子どもの相手をしているというつもりもなく、一人の友達と会話をしているような気持ちでつき合っていました。

教師を長年やっているとなんとなくわかるのですが、子どもに対して子ども扱いをして話すと、子どもはそれに気づいてがっかりしてしまうのです。でも、大人が本音で話したことは、そのときは言葉の意味がわからなくても、何かのイメージや感覚が子どもの心に残っていることがあります。すべてがそうとは限りませんが、そのなかに一つでも子どもに残ればいい、そんな気持ちで親子の会話をして楽しんでみてください。

ニュースよりドキュメンタリーがおすすめ

二つ目は、親の「学び続ける意志」です。子どもとの会話が有意義なものとなるかどうかは、親の人生観、倫理観、世界観にかかっています。親の人生に対する認識が甘ければ、幼稚な会話しかできないでしょう。また、親の世界に対する認識が浅ければ、表面的な会話になってしまうでしょう。それでは、子どもの好奇心や学問へのモチベーションを高めることはできません。

そうならないよう、親も本を読んだり、新しい知識に触れたりしながら、自らの人生観や倫理観、世界観を豊かなものにしていかなければなりません。

少し大げさな言い方をしてしまいましたが、**親が「知らなかったことを知るのは楽しい」「わからなかったことがわかると嬉しい」という手本を見せる**のです。

テレビやラジオを視聴して子どもと語り合うことも、子どもの好奇心や学問へのモチベーションを育てることにつながります。

ただ、意外に思うかもしれませんが、**ニュース番組はあまり会話に向きません**。ニュースは情報が多岐にわたるので、一つひとつの情報や知識が浅くなってしまいがちです。そのため、深い対話に向かないのです。

おすすめはドキュメンタリーなどの教養番組です。こうした番組はテーマが絞られているので、親子で会話がしやすいうえ、子どもの好奇心や学問へのモチベーションも深めてくれます。民放の番組は、そのまま見るのにはあまり適していません。民放にも優れた教養番組は存在しますが、ＣＭは見る者の思考を途切れさせ、集中力を奪います。これでは、深い会話はできません。レコーダーで録画してＣＭを飛ばしながら見るようにすれば、いい会話の機会となってくれるでしょう。

私のおすすめはＮＨＫの番組です。『ＮＨＫスペシャル』は、政治、経済、自然環境、教育、人権など特集内容が多岐にわたるため、子どもの好奇心、学問へのモチベーションを広げるのに最適です。知識がまだ少ない入門期の子どもには『ダーウィンが来た！』『１００分de名著』『サイエンスＺＥＲＯ』『日曜美術館』などがおすすめです。

ラジオであれば、ＡＭのＮＨＫ第二『カルチャーラジオ』『こころをよむ』『宗教の時問』などがいいと思います。

親ではなく〝人生の先輩〟としてのアドバイスを

親子の会話では、親は本音を語ることが重要です。会話を深めること自体が目的なので、正しい答えにこだわる必要はありません。

息子が高校1年生のときのことです。息子が通っていた高校は、2年生から進路選択によって文系クラスと理系クラスに分かれます。息子は国語、古文、英語、歴史、倫理などいわゆる文系科目が得意でした。特に語学に関しては絶対的な自信をもっていました。そこで、当然文系に進むものだと思っていたのですが、どうやら本人は迷っているようでした。話を聞くと、「文学の研究って、結局、研究者が自分の思いを語っているだけでしょう？　理系のように科学的な指標や客観性がないから、学問とはいえないと思うんだけど……」と言うのです。

それを聞いて私はこう応えました。「いやいや、そんなことはないよ。お父さんは大学院で教育格差について研究していたけれど、教育科学、社会科学、人文科学など文系といわれるものにもちゃんと科学的な方法論はあるんだよ」と教えて、『資本論』のマルクスや『プロテスタンティズムの倫理と資本主義の精神』を書いたマックス・ヴェーバーなどの社会科学の方法論を高校1年生の息子に語ったのです。

そして、「社会を大きな実験室と考えてごらん。社会を外側から丁寧に観察してみると、いらないものもたくさん含まれているけど、そのなかにも法則性を見出せるものがあるはずだよ。その法則性は自然科学が実験室で研究している法則性となんら変わらないし、理系の学者が実験室で見つけてくる方法論とも違いはない。社会を実験室として見立てて研究する方法論が、理系より劣っているなんてことはないんだよ」と真剣に話したのです。

進学校でありがちなのが、文系より理系のほうが優れているという誤解です。高校1年生の息子は、進学校になんとなく漂うこうした理系優位の風潮を敏感に感じていたのかもしれません。でも、最終的に彼が選択したのは文系でした。自分の好きな語学の道を選んだのです。あのときの私の言葉が影響を与えたかどうかはわかりません。また、私自身が文系出身ということもあって、文系をすすめたというわけでもありません。ただ、思ったことを口にしただけです。さまざまな選択肢があるなかで、最終的に自分の進む道を選んだのは、間違いなく息子自身です。

高校3年生になり、自分の夢に向かって受験勉強に取り組んでいたときは、わが子ながらに「たくましく成長したな」と胸が熱くなりました。

難関大の入試問題は他者との深い対話経験がなければ解けない

会話習慣の重要性を理解していただくために、入試例を一つ紹介しましょう。

旧帝大の入試では、英語の長文読解で各種の学術論文がよく出題されます。例えば「人間の心の進化」といったようなものです。

これは、息子の通っていた予備校の旧帝大対策演習で出題されたもので、霊長類学の論文に基づいています。

内容としては、次のようなことが書かれています。

①人間よりチンパンジーの方が短期記憶に優れていること
②しかしチンパンジーは、目に見えないものに思いを馳せること（想像）が苦手なこと
③そこから、人間は短期記憶を退化させる代わりに、想像力を進化させ、言葉を獲得したと考えられること

④言葉の獲得が人間の複雑な心を進化させたこと

これほどの深さの知識を英語で読み取る必要があるので、広い好奇心と学問へのモチベーションが不可欠です。

さらにこの入試問題は、上記の内容を読み取らせたうえで、「この事実に対するあなたの考えを述べよ」と続きます。これは、解答者の考え（世界観、人間観）を問うているので、「知識がある」だけでは絶対に解けません。「知っていること」「覚えていること」を聞いているわけではないので、従来型の学力では太刀打ちできないのです。

ここでは、知識や情報をどう解釈し、どう評価するかが問われています。知識や経験が豊富な大人であれば、自分の心の中で対話し、解釈や評価を行うことも可能かもしれません。ただし、経験の少ない子どもがこの問題を解こうとすれば、**他者との深い対話の経験が必須になる**のです。

このように、親子の「会話習慣」は難関大合格に必須の好奇心やモチベーションを育ててくれるだけでなく、子どもの世界観や人間観も鍛えてくれるものなのです。

【習慣3】子どもの自主性とチャレンジ精神を育てる親の「見て待つ」習慣

日常生活を「新しい学力」を育てる場に変える三つ目のコツは、「『見て待つ』習慣」です。これは、親子の習慣ではなく、親の側の習慣です。「子どもに失敗させる習慣」と言い換えてもいいでしょう。

まず、「見て待つ」の「見る」は、「子どもを見る」ということです。「何だ、そんな簡単なことか」と思うかもしれません。しかし、これは大人にとっても意識的な訓練が必要な、たいへん困難な習慣なのです。

ここでいう「見る」とは、「子どもがなぜそういう行動をしたのか、なぜそういう発言をしたのかを想像しながら見る」ということです。

人間は他者の言動に対して、自分の価値観に基づいた評価をしながら生きています。例えば、「大谷選手のホームランはケタ違いにすごい」とか、「あの上司の言うことには納得がいかない」とかです。これ自体はとても自然なことで、社会生活ではごく当たり前に行われています。

しかし「子どもを見る」とは、人が自然にやってしまっている、この「評価」をやめるということです。自分の価値観はいったん脇に置いて、その子になったつもりでその心の中を想像する。これは思っている以上に難しいことです。

これによって初めて、子どもの「経験」にどんな「反応」を返してやればいいのかが判断できるようになります。つまり、「新しい学力」を適切に育てることができるようになる、ということです。

「子どもをしっかり見る」とはどういうことか

具体例を出します。私が担任した、福士くんという男の子のお母さんから聞いたお話です。福士くんが小学校低学年だったころ、お母さんと二人で公園へ遊びに行ったそうです。その日はとても天気のよい日でした。福士くんははじめ、滑り台のところへ駆けていって並んでいましたが、順番が来る前に列を離れ、ブランコの方へいきました。ここでも順番を待っていましたが、途中で列を離れ、ジャングルジムの方へいきました。そしてここでも、同じことをしたのです。

お母さんははじめ、「わが子ながら、なんてこらえ性のない子なんでしょう」と思い、「順番が来るまで我慢して並びなさい」と声をかけようとしたのだそうです。

しかし、すんでのところでその言葉を飲み込みました。なぜかというと、彼が遊具の方を見ていないことに気がついたからです。

彼は列に並んでは、キョロキョロと周りを見回し、何かを確認すると次の場所へ動いていたのだそうです。そしてお母さんの所へ戻ってくると、「影って平行に出るんだよ！」と目をキラキラさせて言ったそうです。

お母さんは、彼の好奇心とそれを確かめる実行力、論理的な推論に驚嘆し、素直にそのことを彼に伝えたそうです。彼は今、東北大の工学部に在籍し研究者を目指しているそうです。

もしこのとき、お母さんが福士くんの行動を「見て」いなかったら、どうなっていたでしょうか。もしお母さんが、自分の価値観に基づいて、「我慢して並びなさい」と声をかけてしまったとしたら……？　福士くんの未来は大きく変わっていたかもしれません。

もしお母さんが、自分の価値観に基づいた評価を下してしまっていたら、彼は「自然への好奇心」や「疑問を試行錯誤して確かめること」「わかったことから論理的に推論すること」より、「遊具に我慢して並ぶことの方が重要だ」と学んでいたでしょう。

お母さんにそのような意図はなかったとしても、結果的に、「自分で考え、行動すること」を否定することになってしまったのです。

これが、「見る」ということの重要性であり、難しさです。「見る」ことこそが、子どもの「新しい学力」を適切に育てる最高の手段なのです。

親の〝先回り〟は百害あって一利なし

続いて、「見て待つ」の「待つ」とはどういうことか説明します。それは、「先回りしない」ということです。これも、忍耐が必要な、とても難しい習慣です。

大人は、知識や経験が豊富にあります。そのため、子どもの行動が「失敗しそうになっている」とわかってしまうことがあります。こうなると親心から、先回りして子どもが失敗しないようにさせたくなってしまいます。しかし、子どもを「待つ」とは、このときに「先回りを我慢する」ということです。

なぜ、失敗するとわかっているのに放っておくのか？　それは、人とは失敗からこそ、多くのことを学ぶ生き物だからです。そしてそれは、子どもならなおさらです。

親には「失敗大歓迎！」、むしろ「わざと失敗させる」くらいの気持ちが必要です。子どもにとって、「失敗を回避すること」より「失敗から立ち上がる」ことの方がはるかに重要だからです。先回りするのではなく、子どもが失敗するのを我慢して「待ち」、一緒に「立ち上がる」方法を考えてあげてください。

親が「待っていてくれる」「一緒に立ち上がってくれる」とわかれば、子どもは安心して失敗ができます。そして、失敗から立ち上がることを何度も経験できます。すると子どもは、どんな困難に出会っても、「失敗しても大丈夫。自分なら何とかできる！」と考えるようになります。

これは、他者より優れていることに基づいた「借り物の自信」ではなく、自分の人生に対する力強い信頼感から生まれる「本物の自信」です。

また、失敗から立ち上がることをくり返せば、「失敗は悪いことではない」と考えられるようになるでしょう。それは、「失敗するかもしれないけど、挑戦してみよう！」というチャレンジ精神を育てることにもなるのです。

さらに失敗から立ち上がる経験は、子どもに「失敗以前とは違う自分」と「成長した自分」を実感させます。それは、「自分の人生は、どんどん充実していっている」という感覚となり、「自分で考え、自分で決め、自分で責任を取る」という、真の自主性へと育っていくのです。

親が「見て待つ」ことを続けるには、大変な労力が必要です。しかし、ここまで見てきたように、子どもに「自信」と「チャレンジ精神」と「自主性」という、「新しい学力」の根幹を育てる重要な習慣です。粘り強くチャレンジしてみてください。子どもは、親が払った労力より、もっと大きな喜びを返してくれます。

「見て待つ」ことができないと、子どもはどうなるか

「子どもが失敗しないように先回りして援助する」という態度は、一見すると丁寧で正しい態度のようにも見えます。しかし、先回りして活動しているのは親です。つまり、**親が子どもの経験を奪ってしまっている**のです。当然、子どもに学びや成長はありません。

うがった見方をすれば、子どもの成長より親自身の満足を優先させている、ということになります。

親のこうした行動も、子ども一人では生命の維持が難しい乳児期には必要です。しかし、子どもの成長を見ずに、それを9歳をすぎても続けてはいけません。

子どもの脳は、9歳前後に世界を客観的に認識できる程度に発達します。「世界を客観的に認識できる」とはつまり、「世界の中心は自分ではない」「世界や他者は、自分の思い通りにはならない」と知ることです。

ところが、9歳になっても親が何でも先回りしてくれるとしたら、どうなるでしょう。子どもは「世界の中心は自分である」「自分の思い通りにならないことはない」と学んでしまうことになりかねません。心理学では、これを「自己中心性・幼児性」と呼びます。つまり、乳幼児の特徴ともいえる「心が未発達な状態」のまま成長してしまうということです。このような人間が自分の思い通りにならないことに直面すると、「自分の人生がうまくいかない（自分の思い通りにならない）のは、世界（他者）のせいだ」と考えるようになってしまいます。

このように、親の「先回り」は、とても危険をはらんでいるのです。子どもの成長に合わせて、少しずつ減らしていかなければなりません。

また、子どものすることを「見ていない」という親の態度には、「仕事が忙しい」などのさまざまな理由があるでしょう。しかし、子どもの成長より親の事情を優先させているという点では、親の「先回り」と同じです。「親ファースト」なのです。

子どもが何かを経験をしても、親が見ていなければ、子どもは適切な反応が得られません。そのため、学びが成立したりしなかったりします。

年齢の異なる子ども同士が一緒に外遊びをする機会があった昭和時代であれば、親以外の仲間からの反応が得られ、問題なく成長していくこともできたでしょう。しかし今は、異年齢の子どもの集団も、外遊びの機会もめっきり減っています。**自分が受けた教育がそうだったからという理由で、子どものすることを「見ない」のはおすすめできません。**

子ども一人の力では、失敗からうまく立ち直れないことも多くなります。すると、子どもは「自分は何もできない」と無力感を感じることが多くなってしまいます。そうなると、失敗を恐れ、チャレンジすることをやめてしまうようになるのです。

不登校や引きこもりの子どもは、「子どものすることを見ていない（放任）親」や「先回りする親」の影響が大きいケースがたくさんあります。彼らにも、「新しい学力」はとても必要なものです。詳しくは第6章で触れています。

親の価値観で子どもの気持ちを決めつけない

子どもを「見ていない親」というと、放任をイメージする人が多いと思います。たしかにその理由がなんであれ、親の都合を優先して子どもを見ないのは、子育ての手を抜いている、または放棄していると言われても仕方ありません。

でも、本人は子どものことをしっかり「見ているつもり」でも、そこに**親自身のフィルターがかかってしまっていたら、「見ていない」のと同じこと**なのです。

青森市では放課後の子どもの活動として、クラブチームの活動が盛んです。バスケットボールクラブに所属していた田中くんは、バスケットボールがとても上手でした。毎日、見学に来るお母さんもバスケットボール経験者で、とても熱心に指導をしていました。

ところがある時期から、放課後になると田中くんは「足が痛い」「お腹が痛い」などの理由で休みたがるようになりました。ときには、わざと転んでみるといった行動が見られたので、これは明らかに「バスケに行きたくないんだろうな」と察したのです。

そこで、お母さんにそのことを伝えると、「そんなことは絶対にありません。だって、私はあの子をずっと見ていますから」と言うのです。バスケ経験者のお母さんの反応は、「彼はチームのなかでもいい背番号をもらっていて、中心選手です。その彼がバスケを嫌いなはずがない」と、まったく聞く耳をもたなかったのです。

田中くんはそのあとも静かに抵抗を続けました。そして、あるときから学校に来なくなってしまったのです。残念なことに、そのまま不登校になってしまいました。

子どもは本当に中学受験をしたいのか

田中くんのお母さんの言葉を借りれば、たしかに「見ていた」のかもしれません。でも、それは自分の価値観のなかで「見ていた」にすぎません。田中くんは、バスケットボールクラブの監督でもコーチでもない担任の私が気づくくらい、何度も何度もＳＯＳを出していました。でも、ちゃんと「見ていた」と言うお母さんは、彼のサインにまったく気づかなかったのです。子どもを「見る」というのは、親である自分の思いをいったん脇に置いたうえで、ただただ目の前にいるありのままの子どもを「見る」ことです。これは、「待つ」ということでもあります。

小学4年生のときからバスケットボールが得意だった田中くん。でも、それゆえに親やチームの期待が高まり、心を休めることができなかったのでしょう。平日の放課後は毎日練習、土日も試合が続き、体にも疲れがたまっていたのだと思います。彼はちょっとだけ休みたかっただけなのかもしれません。

もし、そのときにお母さんが田中くんの気持ちに気づいて、少しだけ休ませてあげられていたら、いいリフレッシュとなって笑顔で復帰できたかもしれません。わが子をどんどん向上させたいという思いからなのでしょうが、お母さんはいろいろな働きかけをするだけで、わが子がどのような状態なのかを見ていなかったのです。

スポーツや音楽などの習いごとでは、子ども本人以上に親が熱心になってしまうケースは少なくありません。田中くんのお母さんのようにいい経験ができたりした人も、逆に夢半ばで挫折してしまった人も、どちらもその危険性をはらんでいます。

中学受験でも同じことが言えます。**親の「こうしなければ」といった思い込みや、「こうするべき」といった価値観を、無自覚に子どもに押しつけてしまう**のです。でも、子どもは親の所有物ではありません。子どもの人生は子どもが選び、切り拓いていくものです。親ができることといえば、いま目の前にいるありのままの子どもを見て、その子の得意に光を当てる工夫を考えてみるか、ときに人生経験のある大人としてアドバイスをしてあげたりするくらいしかないのです。

お子さんの方から、「中学受験をしたい」と言ってくることはよくあります。でも、それは仲のいい子がやっているからだったり、クラスで中学受験塾に通う子が多くいることの影響からだったりします。その場合、親は子どもの適性をよく見きわめることで、安易に中学受験をすることにならないようにしなければなりません。

【習慣4】子どもの忍耐力を育てる、親子のデジタルデトックス習慣

日常生活を「新しい学力」を育てる場に変える四つ目のコツは、「デジタルデトックス習慣」です。「デジタルデトックス」という言葉はご存じでしょうか。簡単にいうと、「デジタル機器と距離を置きましょう」ということです。

なぜ距離を置くのかというと、**デジタル機器の使用は体や脳に負担がかかる**からです。

デジタル機器の長時間使用でたまってしまったストレスや脳の疲れを解消するために、デジタル機器に触れない時間を十分に取りましょう、という考え方です。

　これはある種の健康法のようなものです。そのようなものを、本項でなぜわざわざ取り上げるかというと、私は**デジタル機器が「新しい学力」にとって非常に危険なものである**と考えているからです。何が危険かというと、子どもの「デジタル脳」問題です。

　これは別名「スマホ脳」問題ともいわれています。東北大学の川島隆太教授の研究が有名ですね。川島教授の著書はたくさんありますが、子どもの脳に関するものであれば、『スマホ依存が脳を傷つける　デジタルドラッグの罠』（宝島社新書）がとても参考になりますので、ぜひ読んでみてください。

　川島教授の研究は、「スマホやゲームの長時間利用が、子どもの学力を低下させる」ということをハッキリ示しています。例えば、一日の勉強時間が同じ2時間の中学生が二人いたとします。一人はスマホやゲームの時間が一日30分以下、もう一人は一日2時間。すると、一日2時間スマホやゲームをしている中学生は、30分以下の中学生の半分ほどしか英単語が覚えられていないそうです。

これは何を表しているのでしょうか。二人の中学生の勉強時間は同じ2時間なので、同じ量の英単語が脳にインプットされているはずです。しかし、スマホやゲームを長時間することによって、そのインプットが脳から消えてしまいます。つまり、スマホやゲームをすることにより、勉強したことが無駄になってしまうわけです。

デジタルデトックスと学力の深い関係

「スマホ脳」の問題を主張しているのは、川島教授だけではありません。諸外国でも同様の研究結果が報告されています。

例えば、スウェーデンの精神科医アンデシュ・ハンセン氏やアメリカの精神科医ヴィクトリア・Ｌ・ダンクリー氏の研究では、子どものスマホ使用が、「ＩＱの低下」「暴力（キレる行為）の増加」「発達障害の増加」を招く、ということを明らかにしています。詳しくは『スマホ脳』（新潮新書）や『子どものデジタル脳　完全回復プログラム』（飛鳥新社）を読んでみてください。また、ｉＰｈｏｎｅの生みの親であるアップル創業者のスティーブ・ジョブズは、自分の子どもにはスマホを触らせませんでした。こうした子どもの「デジタル脳」に関する研究結果をまとめると、以下の二点が言えます。

①脳の集中力を司る部分の機能低下によって、学力の低下やIQの低下が起こる
②脳の忍耐力を司る部分の機能低下によって、暴力（キレ）や発達障害が増加する

スマホやゲームの利用は子どもの集中力と忍耐力を失わせ、子どもの能力にさまざまな悪影響を及ぼします。デジタル機器は「新しい学力」にとって非常に危険なのです。

この事実は、「新しい学力」を育てたいと考える親にとっては吉報でもあります。スマホやゲームを子どもから遠ざけることができれば、子どもに集中力と忍耐力がつき、子どものさまざまな能力にいい影響を与えることがハッキリしているからです。

デジタルデトックス習慣によって、子どもの集中力と忍耐力という「新しい学力」を育てることにつながるのです。

スマホ・ゲーム依存の特効薬とは

「デジタルデトックスがいいのはわかったけど、どうやって子どもにスマホやゲームをやめさせればいいの？」と思った方も多いでしょう。そこで考えなければいけないのは、子

どもはなぜ、スマホやゲームを長時間利用してしまうのかということです。結論からいうと、**「長時間スマホやゲームをする子は、スマホやゲームより楽しいことを知らないから」**です。そしてこれは、親の責任であると私は考えています。

例えば、読書の楽しさを知っている子どもは、スマホやゲームをだらだら利用しません。本を読み終えたあとの充実感や世界が広がっていく感覚はスマホやゲームの楽しさとは桁違いであり、成長する喜びを与えてくれるものだと知っているからです。

スポーツの楽しさを知っている子どもも同様です。自分で考え、工夫することで技術が向上したり、相手に勝てるようになったりする経験は他では味わえないものです。

つまり、スマホやゲームを長時間利用する子どもは、スマホやゲームより楽しい「成長する喜び」を経験させてもらえなかった子どもだともいえるのです。そうならないためには、親が先導者となり、ともに体験を振り返り、価値づけてあげる必要があります。子どもだけでは、読書やスポーツの楽しさを体得することはできないのです。

子どもに「成長する喜び」を経験させるには、親の側にも相応の努力が必要です。子どもの体験の先導者となり、同伴者となって「見て待つ」。そして共に振り返るなかで体験に価値づけをしてあげる。これは多くの時間と労力が必要な行為であり、生半可なことではできません。

一方、スマホやゲームは、手っ取り早く子どもの時間を消費してくれます。スマホやゲームをさせておけば、親が先導者や同伴者にならなくても、「見て待って」あげなくても、ともに体験を振り返ってあげなくても、子どもは一応、大きくなっていってくれます。うがった見方をすれば、これは、親による子育ての手抜きともいえるのではないでしょうか。**スマホやゲームに子育ての労力を肩代わりさせている**のです。

そうさせないためには、親が「スマホやゲームより楽しいこと」を積極的に準備してあげる必要があります。子どもにスマホやゲームの暇を与えない、ということでもあります。

次の章では、子どもに「成長する喜び」を実感させるための体験活動のやり方を詳しく紹介しています。これを参考にすれば、親子でスマホやゲームより楽しい時間を簡単に味わうことができます。そうすれば、デジタルデトックスも自然にできているはずです。

第3章

難関大合格のカギとなる体験活動

体験活動は四つの習慣を強化する

前章では、次の二つのことを見てきました。

①「新しい学力」を育むには、中学受験より親子で過ごす時間を大切にする
②「新しい学力」を育てるには、親子の四つの習慣が有効である

この章では、子どもに「体験活動」を仕掛けることによって、意図的にこの四つの習慣を強化していく方法を考えていきます。

四つの習慣は、日常生活の中で継続して行うことが大切です。一度や二度の経験で、「新しい学力」が育ったりはしません。このなかで、デジタルデトックス習慣を継続させることは難しいです。まず、子どもにスマホやゲームより楽しいことがあると実感させなければならないからです。そうしないと、子どもはデジタルデトックスを継続していく意欲も必要性も感じないでしょう。

そこで、休日ごとに「体験活動」を仕掛けるようにします。休みの日ごとに、スマホやゲームより楽しいことが待っているとなれば、子どもは平日も意識せずにデジタルデトックスが行えるようになります。親子共通の体験活動により、読書習慣や会話習慣の質が向上するからです。

そして、体験活動中は、親の「見て待つ」習慣が子どもを成長させられるかどうかのカギを握ります。そのため、親の「見て待つ」力も質的に向上します。体験活動は日常生活で実践する四つの習慣の質を向上させ、強化していくことにつながるのです。

次に、体験活動の実践方法を考えていきたいと思います。説明に入る前に、まず体験活動と四つの習慣がどのような関係にあるのか、具体例を紹介しながら考えていきましょう。

小さな出来事が子どもの人生を変えることもある

まずは黒石さん親子の体験談です。黒石さんは女の子より男の子と遊ぶほうが好きな子で、ゲームもよくやる女の子でした。ところが、熱中できるものを見つけてからというもの、ゲームをだんだんしなくなっていきました。そのきっかけが、秋に行った「りんごもぎ体験」でした。

黒石さん親子が観光りんご園へ行ったときのことです。親子を案内してくれた担当者がたまたまよくしゃべる人だったらしく、りんごづくりの苦労話をおもしろおかしく語ってくれたそうです。そのなかに「マメコバチを利用したりんごの花の受粉」の話がありました。「広大なうえに、斜面に築いた『りんご園』での受粉作業はたいへんな苦労をしたが、マメコバチを利用した受粉法が開発されて、とても楽になった。虫が『りんご園』を支えてくれている」というお話です。

これを聞いたとき、黒石さんは、「雷に打たれたような衝撃を受けた」と、あとに語ってくれました。蜂が受粉させるとりんごの実ができる。つまり、りんごの花には雄と雌があり、その子どもがりんごの実である。この発見は、そのあとの彼女の人生を左右するものとなりました。

性別があるとは思いもしなかった「植物」が、「性差」をもっている。

「ということは、お母さん、生き物はみんな雄か雌なんだね？」

この彼女の発言に対するお母さんの反応も、すばらしいものでした。

「お母さんもわからないことがあるから、一緒に調べてみようか？」

ここから黒石さん親子は、生物の性や受精に関する本を図書館から借りてきて、読みあさるようになりました。子ども向けのものからスタートし、徐々に学術的なものへと進んでいったようです。

そして、「性別のない生物もいること」「一生の中で性が転換する生物もいること」など、生物の性の多様性を知ることができました。さらに親子で、「人類の性の多様性」「女性差別の歴史」などについても語り合ったそうです。

そうするなかで、彼女はだんだんゲームへの関心を失い、学校での友達関係も変わっていきました。スマホやゲームをしない子たちとつき合うようになったのです。

黒石さんは今、難関大学の法学部を卒業し、人権についての研究をしているそうです。

四つの習慣を難関大合格のカギに変える体験活動【五つのステップ】

黒石さん親子の体験活動のなかには、四つの習慣がさまざまな形で織り込まれていましたが、お気づきになりましたでしょうか。

まず「読書習慣」は、りんごもぎ体験後の調べ活動として、強化された形で現れています。そして「会話習慣」は、調べ活動にもとづいた親子の対話として。「見て待つ」習慣は、お母さんの「一緒に調べてみようか」という発言として現れています。結果として黒石さんはゲームへの関心を失い、「デジタルデトックス」に成功することになりました。

彼女は調べ活動を通して集中力を鍛えながら、人類の性に対する創造力を発揮しました。また親子の会話は、彼女の性差に対する好奇心を高め、新たな学問へのモチベーションを育てていきました。そしてお母さんが、「一緒に調べてみよう」と「見て待つ」ことをしてくれたおかげで、自分事として、自主性をもって調べ活動にチャレンジしていくことができました。さらにデジタルデトックスは、彼女の好奇心が大学まで継続していく、忍耐力を培うことになりました。

これが、「体験活動」が四つの習慣を難関大合格のカギに変える、という意味です。

しかし、この黒石さん親子の体験活動は、偶然がうまく重なってくれた部分も多いのです。例えば、りんご園へ行ったこと。この日、雨が降っていれば、出かけなかったかもしれませんし、ショッピングなど別のお出かけになっていたかもしれません。また、担当者がおしゃべりだったこと。別の方が受付にいれば、彼女はりんごの花に性別があることを知ることはなかったかもしれません。そうなると、彼女は「ゲームより楽しいこと」を知ることはなく、難関大へ進学することもなかったかもしれません。

私は、黒石さん親子の話を聞いてから、出たとこ勝負の偶然ではなく、意図的に、子どもにスマホやゲームより楽しい「成長する喜び」を実感させる方法はないだろうかと考えるようになりました。そして、たくさんの親子を見てきた経験をもとに、10年以上、自分の子どもと試行錯誤をくり返しました。そうするなかで、「意図的な体験活動」というものが、だんだんと形を成していったのです。

これから、私たち親子がやってきたことを五つのステップに分けて紹介していきます。

ぜひ親子で、スマホやゲームより楽しい「成長する喜び」をたくさん実感してください。

体験活動ステップ①【動機づけ】

活動する意味を伝え、子どもをその気にさせる

黒石さん親子の例では、このステップはありません。このステップが存在することで、子どもは体験活動の意味や必要性を感じ、より意欲的に行動できるようになります。どういうことか、見ていきましょう。

まず黒石さんの場合、お母さんに誘われて、なんとなくりんごもぎ体験へ出かけています。つまりこの時点では、彼女は活動する意味も必要性もあまり感じていないということです。いうなれば、「誘われたから行く」という受け身のお客さま状態です。

そこで、体験活動を行う意味を伝え、子どもをその気にさせるのです。例えば、りんごもぎ体験の前に、「この前、社会科で勉強した『農家の仕事』を実際に見に行ってみようか」などと声をかければどうなるでしょうか。この一言があることで、子どもの日常（学校生活）と、これから行う体験活動が地続きになります。黒石さんはりんごもぎに出かけ

る意味や必要性を感じ、より自主的に活動するようになったでしょう。

このステップ①は、**子どもからチャレンジ精神や自主性を引き出すための種をまくステップ**です。難しく考える必要はありません。子どもがその気になればいいのです。例えば、りんご園への移動に自動車を使っていたとします。車での移動は、子どもを受け身にします。子どもは何もする必要がなく、自動的に目的地に着いてしまうからです。

そこで、「旅気分を味わうのに、バスを使ってみない？」と声をかけるだけでもＯＫです。「旅気分」という言葉だけで子どもはワクワクし、「バスで行きたい」と自分から動きはじめます。

体験活動ステップ②【計画】
子どもに段取りと計画を考えさせる

このステップも、黒石さん親子の例には存在しません。ステップ①でまいた種を、自主性やチャレンジ精神を使った具体的な行動にさせます。

黒石さんはりんご園へ「連れて行ってもらう」という受け身の状態です。これを、りんご園へ「自分の力で行った」に変えることで、子どもの体験活動はより充実します。「自分の力で行った」に変えるには、子どもに段取りと計画を考えさせることが大切です。

黒石さんの例で言えば、彼女に「出発時刻や到着時刻」「行きたいりんご園」や「滞在時間」を決めさせて、一日の計画を親子で一緒に考える、ということになります。

こうすることで、彼女に天気や気温を調べたり、りんご園の場所やそこまでの移動時間を調べたりする必要性が生まれます。計画を立てることで、「りんご園へ連れて行ってもらう」という受け身の姿勢から、「自分で計画して、自分で行った」という自主的な態度へと変わるのです。

さらにおすすめは、先ほども言いましたが、車での移動をやめることです。「旅気分を味わうのに、公共交通機関を使ってみない？」と誘うだけで、子どもは十分やる気になります。そして、具体的な計画を子どもと一緒につくるのです。

バスを使うとなれば、バスの時刻表や最寄りのバス停、路線図や乗り換えの有無を調べる必要があります。また、滞在時間をきちんと段取っておかないと、出発時刻や到着時刻も決められないことになります。それにはりんご園自体の下調べも必要になるでしょう。

こうした行為を経ることで、子どもの意識は「連れて行ってもらう」から、「自分で行った」に変わります。体験活動前後の移動時間までも、子どもの学びの場に変わります。これは、体験から得られるものも、体験後の充実感も、段違いに増します。「成長する喜び」が偶然ではなく、意図的に得られるのです。

ただし、ここで重要になってくるのが、親の「見て待つ」習慣です。子どもが計画を立てたり、調べたりするときは、親がつかず離れず「見て」いることが重要です。「見て」いれば、子どもが計画や調査に行き詰まったときに出す、「手助けがほしい」という合図を見逃さずにすみます。「見て」いないと、子どもは親から突き放された気分と行き詰まりから脱出できない無力感を味わいかねません。「成長する喜び」どころか、「失敗から立ち上がれない絶望感」を学んでしまうのです。

また、「待つ」習慣も同様に重要です。**子どものヘルプを見てとったら、「答え」ではなく、答えにたどり着くための「ヒント」を与えてください**。これは、黒石さんのお母さんがとても優れていたところです。親が先回りしてやってしまわないこと。子どもに同行して、我慢強く、子どもが答えにたどり着くのにつき合うこと。親が代わりにやってしまった瞬間に、その体験は子どもの自分事から、他人事へと変わってしまいます。

このステップ②と次のステップ③は、親の「見て待つ」力が事の成否を分けます。決して、子どもにやりっ放しにさせないこと、そして、子どもの代わりにやってしまわないこと。**放任も先回りも、正しい子育ての姿勢ではありません。**

体験活動ステップ③【実行】

子どもと作った計画通りに行動し、親も一緒に楽しむ

ここも、親の「見て待つ」力が重要になります。子どもが「自分で」計画した活動であると、しっかり演出しましょう。このステップのポイントは、「計画通りに」行動することと、親も一緒に「楽しむ」ことです。

ステップ②の計画は、子どもが中心になって作ったものです。親がきちんと「見て待って」あげていれば、計画には不十分なところがいくつかあるはずです。こうなると、うまく目的を達成できないことも十分あり得ます。例えばバスの乗り換えがうまくいかず、りんご園にたどり着けない、なんてこともあるでしょう。

でも、それでいいのです。子どものつくった計画通りに行動して、失敗してください。「せっかく自分で計画したのに、りんご園にたどり着けなかったらかわいそう」なんて、考えてはいけません。子どもが立てた計画を親が先回りして変更してしまったらどうなるか、もう想像がつきますね。そう、その瞬間に子どもの体験は「他人事」になってしまいます。子どもにとっての切実さを失ってしまうのです。

失敗したら、失敗したでいいのです。失敗を親も一緒に楽しんでみましょう。決して、失敗を責めたり、子どものせいにしたり、おろおろしたり、不機嫌になったりしないでくださいね。**子どもが困っていたら、「どうするか一緒に考えよう」でいいのです。**

失敗は、子どもにとっては重要な学びの場となります。たとえりんご園に行けなかったとしても、失敗し、そこから立ち上がることができれば、それはそれで十分「成長する喜び」を子どもに与えてくれます。親はどーんと構えて、「失敗、ウェルカム！」でいてください。そうすることで、子どもは「失敗しても、大丈夫なんだ！」と思えるようになります。それは、失敗に耐える忍耐力と、再び立ち上がろうとするチャレンジ精神を身につけさせることになるのです。この力は人生を生き抜くうえで、とても大事な力になります。

くり返しになりますが、人間の一生にとっては「失敗しないこと」より、「失敗から立ち上がること」のほうがはるかに重要です。近視眼的に目の前の失敗にとらわれることなく、子どもをしっかり「見て待って」あげてください。

ここで一つ、気をつけていただきたいことがあります。それは、**体験活動時は親が十分な時間的余裕を確保しておく**、ということです。

子どもが中心になって計画し、体験活動を実行するということは、いうなれば「失敗を前提にしている」ということです。そのため、午前中に子どもと体験活動を行って、午後からは仕事、ではいけないということです。これでは、親の側に失敗を許容する余裕がなくなってしまいます。「午後に仕事があるから、とりあえず今日は私がやってあげよう」ではダメなのです。

子どもに、生きる力としての「新しい学力」を身につけさせたければ、親にもそれなりの準備や犠牲が必要です。何かを同時に行ったり、バランスよくやろうとしたりしてもうまくいきません。中学受験と「新しい学力」を育てることを同時にやるのが難しいと考えるのは、そのためです。

体験活動ステップ④【振り返り】

体験活動について話し合い、価値づけしてあげる

黒石さん親子は、ここのステップが秀逸です。黒石さんが興味をもち、自主的に調べてきたことに対し、会話で価値づけと適切に方向づけをしてあげています。お母さんが彼女のやっていることに興味をもち、一緒に勉強していたことがうかがえる会話です。

みなさんも、体験活動をしたら必ずもてる知識を総動員して、子どもと体験を振り返ってみてください。難しく考える必要はありません。例えば「今、農業をやる人が減っているっていわれているけど、りんご園の人はどうなんだろうね」とか、「マメコバチってどんな蜂なんだろう。ミツバチみたいなものかな？」とかで十分です。大人のもっている知識で、子どもの体験と社会（農業人口の減少問題）や学問（種としてのマメコバチ）をつないであげるのです。この親子の会話こそが、子どもの好奇心と学問へのモチベーションを深く太くするのです。

またこのステップは、体験活動が失敗に終わったとしても必要なものです。むしろ、当

初の目的を達成できなかったときこそ、必ず親子で話し合わなければなりません。

うまくいかなかった体験に対して、何を振り返ればいいのでしょうか？

それは、失敗の原因です。この振り返りがなければ、子どもの失敗は失敗のままになってしまいます。でも、ここを振り返ってあげることで「失敗は成功のもと」に変わります。子どもは逆境から立ち上がる強さを育むことができるのです。

どのように振り返るかというと、**「計画するとき、何が足りなかったかな？」と聞いてあげる**のです。これは、親が「失敗の原因は、計画不足にある」といってくれているのと同じことです。それはつまり、「失敗は、あなたの責任ではないし、あなたの能力不足でもない」と伝えることになります。こうすることで子どもは、今回の失敗によって、自分への信頼感を損なうことはなくなります。

さらに、「失敗するのは悪いことではない」「原因を考えて、もう一度チャレンジすればいい」と体得します。これは、本物の自信とチャレンジ精神を育てます。親子の会話での振り返りが、子どもの体験活動をより豊かで意義深いものに変えるのです。

体験活動ステップ⑤【再挑戦】

話し合いを元に計画を修正し、再チャレンジする

これは体験活動が失敗してしまった場合にのみ、必要になるステップです。体験活動がうまくいった場合は、親子で楽しく振り返り、人生観や世界観についての語り合いにつなげてください。

ここでは、ステップ④で話し合ったことをもとに計画を修正し、再挑戦します。この再挑戦があるおかげで、子どもの失敗が単なる失敗にならずにすみます。何度失敗しようと、それは成功への途上のステップになり、失敗から多くのことを学べます。

例えば、公共交通機関（バス）を利用して、うまくりんご園へたどり着けなかった場合を考えてみましょう。

ステップ④の振り返りとステップ⑤の再挑戦を通して、子どもは「公共交通機関の乗り換えにはどれくらいの時間的な余裕が必要か」や、「りんごもぎを楽しむにはどれくらいの滞在時間が適当か」など、段取り力や時間管理能力を身につけていきます。これらの力

もすべて、生きる力としての「新しい学力」です。

さらに重要なのは、この再挑戦がうまくいこうがいくまいが、子どもは「前回より成長した自分に出会える」ということです。再挑戦がうまくいったら、子どもは一人でも自分の成長を感じとれるでしょう。また、再挑戦がうまくいかず、子どもが自分で「成長」を感じとれていなかったとしたら、そのときこそ親の出番です。ステップ④を通して、親が成長を「見て」、伝えてあげればいいのです。

「自分が変わる」「成長している」という感覚は、自分の人生に対する力強い信頼感、自信へと変わっていきます。本物の自信を身につけた子は、簡単には心が折れません。自分の立てた目標に向かって、力強く前進していくことでしょう。

ここまで見てきたように、これら五つのステップを踏むことによって、「体験活動」は偶然ではなく、より意識的に、子どもに「新しい学力」を身につけさせるものへと変わっていきます。この「意図的な体験活動」によって、子どもは「集中力」と「創造力」、「好奇心」と「モチベーション」、「自主性」と「チャレンジ精神」、「自信」と「忍耐力」を身につけていくのです。

第4章

子どもの地頭を鍛える体験活動プラン

体験活動の基本は「外遊び」

前章では次の二つのことについてお伝えしてきました。

①体験活動が四つの習慣を強化し、「新しい学力」の育成に有効に働くこと
②意図的に「新しい学力」を育てていくための体験活動の手順

この章では、私が実際に自分の子どもとやってみて、「新しい学力」の育成に効果的だったと考える具体例を三つ紹介していきます。

その前に、体験活動に対する基本的な考え方について少し触れておきます。結論を先に申し上げると、「体験活動を難しく考える必要はない」というお話です。

『スマホ脳』の著者、アンデシュ・ハンセン氏によると、デジタルデトックスとして最適なのは、「五感を使った有酸素運動」だそうです。屋外での活動は、スマホやゲームとは桁違いの量の刺激を、五感を通して脳に与えてくれます。空気の湿り気や温度、風が頬に

当たる感触、鳥のさえずりや木々の葉がこすれる音、色とりどりの光に草花の香り……。
五感に入ってくる刺激は、数え上げればきりがありません。

脳に刺激を与えてくるのは外界だけではありません。「有酸素運動」つまり、ゆるやかな身体運動は、体中の筋肉にかかる力や関節の緊張、弛緩など全身の神経系が感じ取る膨大な量の情報を脳に届けてくれます。こうしたスマホやゲームでは再現不可能な、多種多様な刺激が一度に脳に届けられるため脳が活性化され、生き返っていくのです。

ハンセン氏のいうこの「有酸素運動」とは、簡単にいえば「外遊び」なのだろうと考えます。自分が子どものころ、異年齢の友だち集団で行っていた、鬼ごっこやかくれんぼ。野山を駆けまわったり、人の家の庭に忍び込んでみたりして、鬼の気配に耳を澄ませる……。このようなことは、まさしく「五感を使った有酸素運動」でした。

ですから、デジタルデトックスや「新しい学力」の育成のために、「週末ごとに何か体験活動をしなければ！」と肩肘を張るのではなく、もっと気楽に「今度の週末、子どもとどんな外遊びしようかな」くらいの気持ちでいるだけでいいのです。

親が「見て待って」くれるのであれば、子どもはどんな活動だろうと楽しめますし、学ぶものがあります。とはいえ、美術館や博物館、コンサートや演劇、創作活動やパズルなどの屋内での活動を否定しているわけではありません。美術鑑賞や創作活動も、スマホやゲームの何百倍も脳を活性化させてくれる「本物体験」です。このように考えると、体験活動のネタは、身の回りにごろごろ転がっていることがわかると思います。

例えば、交代読みに使う本を図書館へ借りに行く際、移動手段をバスにしたり、電車にしたり、あるいは自転車にしたりするだけでも体験活動は成り立ちます。

また、洗濯や掃除、料理といった家事も体験活動になり得ますし、バーベキューや親戚宅へのお出かけといった定期的に行うようなイベントでも十分、体験活動は成り立ちます。釣りや登山といった親の趣味を一緒に行うことでもＯＫです。

大切なのは「何をやるか」ではなく「どうやるか」。第3章で紹介した、体験活動五つのステップを意識することです。**「動機づけ」→「計画」→「実行」→「振り返り」→「再挑戦」、この五つのステップによって、子どもは「受け身のお客さま」から「能動的・積極的な学び手」に変わる**からです。

ここから、私たち親子が実際にやってみて、とても有意義だった活動例を紹介していきます。夏休みなどの長期休みにやった少し大がかりな体験活動が中心になります。しかし、その基礎には上述したような日常生活の中での体験活動が積み重なっています。

今回紹介する体験活動は、日常の体験活動の「発展・応用の場」だということです。大がかりな体験活動だけをやって、日常は何もしないのでは、体験活動の効果は得られません。一度や二度の体験活動で、生きる力としての「新しい学力」は育ったりはしませんし、デジタルデトックスも習慣づいたりはしないのです。

日々の親のかかわりがとても大事であること、それが長年積み重ねられて、少しずつ身につくものだということを頭の片隅に置いて、読み進めていただけたらと思います。

実践例①「○○家（ご先祖様）を探る旅をしよう」

対象年齢：小学校中学年から実施可能。歴史を学習し始める6年生が特におすすめ

【動機づけ】

子どもの歴史学習が進んできた6月ごろ、「夏休みの自由研究として、本家（ご先祖様）を調べてみないか？」と誘ってみました。

私の本家は、江戸時代は大きな商家だったことや、私の祖母から聞いた話を子どもに伝えました。祖母（子どもにとっては曾祖母）は、子どものころ、「何部屋あるかわからないくらいの大きなお屋敷に住んでいた」、そこには「何十人も住み込みの使用人がいた」という話です。

私の祖母の話という、実在した人物からの証言は、強く子どもの心に響いたようでした。その日から、ノリノリでインターネットを使って下調べを始めました。ウィキペディアにもかなり詳しく出ていたので、結構な有名人であることを私も初めて知って、「自分たちの祖先がそんなすごい人だったんだね！」と親子で興奮してしまいました。

子どもの下調べによると、本家のご先祖様について次のようなことがわかりました。

「庄内藩（現・山形県酒田市）の豪商」

「西回り航路の廻船問屋として財を成した」

「江戸時代には、『〇〇様には　およびもないが　せめてなりたや　殿様に』という川柳が流行るくらいの権勢を誇った（実は殿様より金持ちだった）」
「井原西鶴『日本永代蔵』のモデルとなった」
「現在、本家の屋敷が見学できるようになっているほか、美術館も営んでいる」

ちなみに、この体験活動がきっかけとなり、井原西鶴も「交代読み」の対象作品となりました。『日本永代蔵』だけではなく、『世間胸算用』なども、小学生のうちに読みました。私の子どもは、高3の受験生当時、模試で古文・漢文の点数が9割を下回ることはありませんでした。もちろん本人の努力もあるのですが、こうした本を他人事ではなく、切実な思いをもって読んでいった経験が、古文・漢文の点数を支える下地として生きていると考えています。

【計画】

子どもと話し合った結果、泊まりがけで酒田市へ行くこととなりました。

私の子どもは電車好きだったので、「青春18きっぷ」を使った各駅停車の旅を計画していました。「青春18きっぷ」とは、全国のＪＲ線の普通列車と快速列車が乗り放題のフリーパスで、一日乗り放題を5日分楽しめます。低価格のお得なパスですが、普通列車と快速列車に限定されてしまうので、時刻表を見ながら、時間を効率良く使わなければなりません。子どもは時刻表とにらめっこしながら、「この時間に出発すると、乗り換えがうまくできないな」「もっといい行き方はないかな」と、ああでもないこうでもないと頭を抱えながらも、とてもイキイキとした表情をしていました。

自分が旅する主人公となって「時刻表」をながめていると、路線図とともに、日本各地の地名が自然と頭に入ってきます。「旅」という目的が、時刻表調べを切実なものにするからです。各県・各地方の中心都市も、鉄道網を見れば一目瞭然です。「日本の地理」に関する調べ学習を、楽しみながら自主的にやっていることになるのです。

【実行】

1泊2日で本家と美術館を見てくる旅となりました。

本家では家系図も自由に見られるようになっていました。その中に、私の祖母の名前を見つけて、親子で興奮しました。

本家で入手した資料や展示物からわかったことで、さらに行ってみたい場所が増えました。しかし、時間的な余裕がなく、泣く泣く帰宅となりました。

【振り返り】

私は各駅停車の旅でおしりが痛くなったのですが、子どもは車窓からの景色を興味深げに眺めていました。列車の南下とともに、街並みも変わっていきます。日本海側の気候と降雪量について学んだ、小5社会の「特色ある気候とくらし」を思い出していたそうです。

美術館の展示や本家で入手した資料から、以下のことがわかりました。

「本家の当主が代々築いてきた防風林・防砂林があること」

「その内側で、水田開発が行われたこと」

「それにより、飢饉で餓死者を出さずにすんだので、殿様から褒美として武士の位をもらったこと」

しかし、1泊2日の計画だったため、防風林も水田も見に行けず、子どもはとても悔しがっていました。宿泊の延長も話し合ったのですが、羽越本線と奥羽本線の接続がうまくいかないことがわかり、断念しました。

各駅停車の旅をしたことで、羽越本線、奥羽本線のどちらも利用客が非常に少ない現実を目の当たりにし、鉄道本数の減少や廃線の問題にも実感がもてたそうです。

時間確保の失敗も含めて、すべての経験が子どもの学びとなりました。

【再挑戦】

本家で入手した資料をもとに、子どもは、自由研究で「本家の歴史」をまとめていきました。そのなかで、「江戸時代に庄内地方で商家を始める前は、新潟の佐渡島で金山を支配していたこと」「戦国乱世のなかで上杉謙信に敗れ、佐渡を追われたこと」などがわかりました。

そのため、今度の夏休みは見逃した防風林と水田を見学し、さらに羽越本線を南下し、新潟から佐渡にも行くこととなりました。

このように、自分の家のご先祖様を探る旅は、「歴史」という文系学問のバックボーンとなる知識を、実感をもって手に入れるのに最適な活動です。うちの場合は、ご先祖様が比較的有名だったため、いろいろな資料が残っていたのも大きかったと思います。ここまで追っていくのは難しいかもしれませんが、おじいちゃんおばあちゃんがご健在なら、昔の話をしてもらい、それを頼りに旅をするのもいいでしょう。

自分のルーツを知ると興味の幅が広がる

次に、私の教え子の話を紹介します。

私が6年生を担任したときは、いつも夏休みの自由研究に「ご先祖様を探る旅」をすすめていました。ファンタジー小説や漫画、アニメやラノベ大好きだった安倍さんは、自分は安倍晴明の子孫だと信じて疑わなかった子です。お父さんと「ご先祖様を探る旅」をして、自分の先祖は奥州の豪族安倍氏であること、そして奥州藤原氏の黄金郷を支えた一族であることを知り、人生が変わったと言っていました。教科書に出てくるような歴史に、自分のご先祖様が絡んでいることを知った彼女は、歴女に変身し、早稲田大学文化構想学部を卒業後、時代小説作家を目指して奮闘しています。

また工藤くんは、当時はまだ青森市と合併前だった浪岡町にある、浪岡城の城主、北畠氏の家来として、ご先祖が京都から青森へ下ってきたことを知りました。それから彼は、浪岡の歴史や郷土の研究にはまっていき、東北各地にある『炭焼き藤太伝説』が浪岡町にもあることを発見しました。そして、『炭焼き藤太伝説』のある地には、金山（鉱山）が存在するという独自の仮説にたどり着きます。彼はそれを証明するべく、民俗学研究の第一人者、小松和彦氏を追って、大阪大学（当時）へと進学していきました。

おじいちゃん、おばあちゃんからの情報だけでは、先祖をたどれそうにないという方は、都道府県立図書館などの大きめの図書館にある『名字辞典』を元に、ご先祖の出自を調べるといいと思います。また、名字研究家の森岡浩氏や高信幸男氏の著作も参考になります。最近では、ネットでも「名字の由来を調べられる」ことを売りにしたサイトもありますので、そちらを参考にしてみてもいいかもしれません。

いずれにせよ、「歴史」という背骨をもつことで、子どもの好奇心は、現代の社会問題から古典文学に至るまで、広く、深く、太くなっていくことでしょう。

実践例② 「ボランティアに行こう」

対象年齢：小学校高学年から実施可能。体がしっかりしてくる中学生におすすめ

【動機づけ】

子どもが中学2年生のとき、東北地方に上陸した台風の影響で岩手県に洪水被害が発生しました。その数年前、親子で一緒に探検に行った、思い出のある美しい鍾乳洞も水没の被害を受けた、とのことでした。そこで、「龍泉洞が被害にあったみたいなんだけど、週末、一緒にボランティアに行ってみないか」と声をかけてみました。すると、子どもは「行ってみたい」と即答しました。

【計画】

子どもがネットで下調べをしたところ、自治体のウェブサイトに受付時間や集合場所、活動内容などの情報があり、準備は比較的スムーズに進みました。親子で話し合った結果、今回はボランティア活動の時間を確保することが最優先と判断し、移動は車にしました。

【実行】

現地へ行ってみると、数は多くはないものの関西地方や九州地方からのボランティアもいました。東北で起きた災害なのに、全国からボランティアにくる人がいることを知り、子どもは「困ったときはお互いさま」という言葉の重みと熱量を実感した様子でした。

私たちに託されたのは、泥のかき出しと水没した家財道具の搬出が主な仕事でした。中学生になって、体力に自信が出てきていたようでしたが、スコップでかき出した泥は想像よりはるかに重く、持ち上げるとヨロヨロしてしまいます。

「やっぱり、まだ大人にはかなわないな」と感じたそうです。自分たちのやるべきことはウェブサイトにも書いてあったので、頭ではわかってはいたけれど、実際に泥だらけの家やぬかるんだ道や岩を目の当たりにしたとき、どのような手順で行動したらよいのかわからなくなり、体が動かなくなってしまうこともありました（それは、私も同じでしたが）。

そんな混沌とした災害現場で、てきぱきと年上の大人たちに指示を出す、若い自治体職員がいました。子どもは、普段は何をしているのかよくわからなかった公務員の存在意義について、思いを巡らせていました。

また、現場での自衛隊の迫力と頼もしさに圧倒されたそうです。自治体職員同様、普段は何をしているのだろうと思っていたようですが、「すごくかっこよかった！」と帰りの道中で、目を輝かせながら話していました。その影響があってか、高校2年生までは「防衛大学校に行って自衛官になる」と言っていたくらいです。

【振り返り】

生まれて初めて経験した被災地は、中学生の子どもにさまざまな刺激を与えました。帰途の車中で、私たち親子はたくさんの会話をしました。

悪意をもって人に近づいたり、他人に危害を加えたりする人間もいるけど、遠方から災害現場へ駆けつけ、無償で働く人たちもいる。あるいは、それは同じ人の心のなかに同居しているのかもしれないと語り合いました。中学生になったからこそ、働くことの意味や、生きることの意味をより深く理解し、語り合うことができたと感じました。

混沌とした災害現場を目の当たりにしたとき、「自分は何から手をつけていいのかわからなくて、動けなくなってしまった」と子どもは語ってくれました。そのときに、まだ十代後半とおぼしき若い自治体職員がてきぱきと大人たちに指示を出していたそうです。自分とそんなに年が違わないのに社会という多くの大人の集う複雑な場所で、一つの役割を担って一人前に働いてきた人間と、学校にいる自分との差を感じたようでした。

その若い職員も指示は出していたものの、何か明確なゴールがあるわけではなさそうでした。大きな災害など、これまで経験したことがない事態のなかでは、何が正解かなど誰にもわかりません。「それでも今は、まずは動くことが大事なんだ！」、そんな気迫を若い職員から感じ、「自分も今できることを精一杯やればいいんだ」と思ったそうです。

実は、子どもはそれまで公務員に対してあまりいいイメージをもっていなかったようです。役所に行くと、人数ばかりが多くて「この人たちはいったい何をしているのだろう？書類を発行するだけで、こんなにたくさんの人がいなくてもいいのに」と思っていたと話していました。「書類発行などの仕事は民間企業に任せてしまえばいいのに」と思っていたようですが、今回の災害時における職員の働きぶりを目の当たりにして、「こういう仕事も含めて行政の仕事なんだな」と気づかされたそうです。

　そこで私は、日本を含め先進国といわれる国は、福祉国家を目指しているので、災害時はもちろんのこと、子どもや高齢者、障害者など立場が弱い人も誰一人取りこぼされることなく、みんなが幸せに生きていけるように行政サービスを行っているということ、そのためには多くの職員が必要であることを話しました。自分が知らなかっただけで、公務員にはいろいろな仕事があること、組織の役割などを考えるいい機会になったようです。

　自主性とは何か、協調性とは何か、組織とは何かについて、大いに語り合うことができた体験活動となりました。

【再挑戦】

　仕事があったので私は同行できなかったのですが、子どもは翌週もボランティアに出かけていきました。最初に「ボランティアに行ってみないか？」と誘ったのは私ですが、今度は自分の意志で行動に移したのです。部活の試合を休んでまで行くと言うので、よほどの強い意志を感じました。大人や仕事、組織といった「社会」に圧倒されてしまった自分と、もう一度向き合いたかったのだと思います。

今度は交通機関を使って、一人で現地に向かいました。小学生のころから、体験活動の主な交通手段は電車かバスだったので、このころになると時刻調べはお手のものです。自分で行き方を調べ、必要なものを用意し、朝早く家を出て行きました。その姿は一週間前の息子とは大きく違っていました。

将来の進路を決めたあるボランティア体験

ここで、ボランティア活動を体験した卒業生とその保護者から聞いた話を紹介します。

佐々木さんは、高校生になってから生徒会活動の一環として、交通遺児との交流ボランティアに参加したそうです。その中で、同年代の女の子から聞いた話が今でも忘れられないと教えてくれました。

その女の子は、小学生の時に交通事故でお兄さんを亡くしたのだそうです。事故の後、しばらくふさぎ込んでいたお母さんは、交通事故防止を呼びかける署名運動と募金活動に参加するようになりました。お母さんが前を向いて歩き出したことは嬉しく思いましたが、署名運動と募金活動で人前に連れて行かれるのは、思春期にさしかかった女の子には、とても恥ずかしくつらいことだったそうです。

中学生になった頃、勇気を出してお母さんに「署名活動で人前に連れて行かれるのは恥ずかしくてつらい」と打ち明けたことがあったそうですが、お母さんは、「何でそんなこと言うの！」と怒り出し、ひどく取り乱したそうです。それ以降、彼女は自分の思いにフタをしたと言います。お兄さんへの思いより、恥ずかしさが先に立つ自分は、おかしい人間なのではないか。お母さんは、私よりお兄さんの方が大切だったのではないか。私が事故にあえば良かったのではないか。そんな思いを抱えた彼女は、徐々に心身のバランスを崩し、部屋に閉じこもるようになってしまったのだそうです。

そんな彼女を変えてくれたのが、この交流会だったそうです。同じ境遇の人と出会い、彼らが自らの思いを語るのを聞くうちに、同じ思いを抱えている人がいる、苦しいのは自分だけじゃないんだ、と思えるようになったと言います。お兄さんへの思いも、お母さんへの愛憎も、恥ずかしいと感じている自分も、何も悪くない、そのままでいいのだと、少しずつ思えるようになったそうです。そして、仲間たちから、「その気持ち、わかるよ。そのままでいいんだよ」と声をかけてもらえることが、何より心強かったのだそうです。

佐々木さんは元来、明るく活発な子ですが、この交流会の後、しばらくは人が変わったようにしゃべらなくなってしまったそうです。原因がわからず、お母さんもだいぶ心配したそうですが、ある日、「家裁調査官になる」という言葉とともに、このボランティア活動での体験を話してくれたそうです。それまで、あまり勉強熱心ではなく、生徒会や部活動に情熱を傾けていた佐々木さんですが、このボランティア体験は彼女の生き方を変えるものとなりました。「家裁調査官」という目標が定まってからは、猛勉強を始めたそうです。彼女は一浪して慶應義塾大学法学部へ進み、家裁調査官補採用試験という非常に狭き門に向けて、勉強を続けています。

このように、**ボランティア活動というのは、厳しくもあり、温かくもある、社会の縮図を体感できるもの**です。社会とかかわっていく際の自分のあり方、「自主性」や「協調性」の意味を、深く、深く、子どもに問いかけてくれます。この深い問いが、子どもの「新しい学力」を、太く、豊かなものにするのです。

実践例③　「泊まりがけで登山をしよう」

対象年齢：何歳からでも実施可能。ただし、9歳前後の「抽象的思考」ができるようになってからのほうが効果的

【動機づけ】

子どもが保育園の年長時、園で八甲田登山を経験しました。一緒に行った子が疲れて歩けなくなってしまったので、途中で引き返し、酸ヶ湯温泉に入って帰ってきたそうです。とても楽しかったらしく、「自分はまだ歩けたから、頂上まで行きたい。再挑戦したい」というので、週末に一緒に行きました。ところが、頂上までは行けたのですが、下山途中で疲れてしまい、泣き出してしまったのです。泣きながらも何とか自力で下山したのですが、それ以降「登山したい」とは言わなくなりました。

ところが翌年、何を思ったか「また八甲田山に登りたい」と言い出しました。

「去年、大変だったけど、大丈夫か？」と聞くと、「今年は小学生だから大丈夫」という返答。とりあえず、連れて行ってみました。案の定ヘロヘロになっていましたが、たしかにこの年は泣かずに下山できました。泣かなかったことを母親に認められ、とても嬉しそうでした。できなかったことができたことで、大きな自信をもったようです。

　こうして、夏の八甲田登山がわが家の恒例行事となりました。私たち夫婦は二人とも大学の山岳部だったので、親子間で登山の会話も増えていきました。

　小学3年生の夏、自分から「八甲田大岳にある山小屋（無人の避難小屋）に泊まってみたい」と言い出しました。そこで、登山ルートも含め、子どもに計画させてみました。

【計画】

　子どもは、図書館から登山ガイドブックを借りてきて、おおよそのルートを決めていました。ただ登山道は大雨などによって変わってしまったりもするので、最新版の地図を書店で購入し、自治体のウェブサイトも確認して、親子で念入りに調査しました。

　子どもは、これまでに経験した登山ルートとは異なる、湖沼や花畑、木道を巡る計画を立ててくれました。とても楽しそうな登山ルートとなりました。

　宿泊予定の山小屋には、寝具などは何もないこともわかったので、一緒にマットや寝袋を買い出しに行きました。自分で調べて計画したものを買うというのは、とても楽しく、充実した経験だったようです。

また、昼食や夕食のメニューを考えるのも、とても楽しんでいました。「電気やガスのない状態で過ごすとどうなるか」「何が必要になるのか」ということを、現実感をもって想像するいい機会となりました。

【実行】

当日は、あいにくの曇り空でした。稜線を縦走し、山頂を二つ越えましたが、期待したような景色は望めませんでした。

景色が望めないと、登山は苦しいことばかりです。ぐったりしながら、山小屋に到着しました。しかし、子どもが自分で考えた夕食（カップラーメン）が、ことのほかおいしかったようです。体も温まり、幸せな気分で寝袋に入りました。私たち親子以外は利用者もいなかったので、わりと快適に眠ることができました。

翌朝は、昨日とは打って変わっての快晴。昼過ぎまでに、湖沼と山頂を一つ巡りました。その山頂からは、この二日間、私たちが歩いてきた道のりのほとんどが見渡せました。

「ぼくは一歩ずつしか進んでないのに、二日でこんなにも歩いてきたんだね！」
「一歩は1メートルもないのに、二日続けると、こんなに長い道になるんだね！」

山頂から見渡せる周囲の山々の緑や空の青さも、とても美しかったです。ただそれより、子どもは「自分が歩んできた道」が一望できることに、大きな感動を覚えたようです。一歩一歩は小さくても、それが積み重なると大変な大きさになる、ということを身をもって理解したのだろうと思います。

そこからは下山道に入りましたが、例年歩いていた道とは異なり、あまり人が通らないルートだったようです。10分も下ると、大人の背丈を超えるようなひどい藪となりました。笹をかき分けかき分け進むので、道を見失うこともしばしば。大人の私が泣き出したくなるくらいの悪路でしたが、子どもは黙々とついてきました。

地図に記載された予定歩行時間を大幅に超え、日も暮れかけてきてしまいました。やっとの思いで藪を抜けると、今度は森の中で野生の猿の親子に出くわしました。登山道で何か一生懸命食べているので、迂回を余儀なくされました。ビバークも覚悟し始めたころ、薄暗がりの中、何とか下山口に到着できました。乗る予定だった終バスもとうの昔に行ってしまった時間でしたが、妻が気を利かせて迎えに来てくれていました。携帯の電波もつながらない藪の中だったので、私は内心ひやひやものでしたが、子どもは弱音を吐くことも泣くこともありませんでした。「自分が計画した」という思いが、自負や責任感を生んでいたのだろうと思います。

【振り返り】

あれほど念入りに親子で準備し、調査したにもかかわらず、ビバークの可能性が出てしまいました。おまけに携帯の電波もつながらなかったので、妻から捜索願が出されてもおかしくない状況でした。やはり、「情報は情報でしかない（現実ではない）こと」、「計画には、『遊びや余裕』が大事であること」など、大人の私も身にしみて実感しました。と同時に、自然を前にすると、予期できないどうしようもないことも起こりうるのだということを学びました。

子どもにとっての一番の収穫は、一歩一歩の積み重ねを一望の下に振り返って見られたことです。努力や忍耐、継続がもつ大きな力について、親子で語り合えたことは、私にとっても忘れられない思い出です。

【再挑戦】

今回の登山については、特に再挑戦するようなことはありませんでした。夏の登山は、子どもの中学校の部活動が忙しくなるまで、親子の恒例行事として続きました。岩木山や八幡平、岩手山といった山々にも登ることができました。

子どもは、寝袋をことのほか気に入ったらしく、高校生のころは一人で寝袋を担いで、自転車での県内一周に出かけたりしていました。大学生になってからは自転車部に入り、寝袋をもって日本一周にいそしんでいます。

自然は子どもの感性を磨いてくれる

葛西くんは両親が共働きで忙しく、おじいちゃん・おばあちゃんの家から学校に通ってきていました。いつも線香のにおいを漂わせている、寡黙な男の子でした。

彼のおばあちゃんは、当時40代後半とまだ若かったこともありますが、登山が趣味でした。近所の登山仲間と毎週のように八甲田山や岩木山へ出かけていました。小学校低学年の頃から、彼は毎週のようにおばあちゃんと山に登るようになったそうです。

私は、小学校3年生の彼を担任したのですが、毎週、日記に「八甲田山へ登ったよ」と書いてくるので、「飽きたりしないの?」と聞いてみたことがあります。すると彼は、「いつ行っても景色が違うよ」と教えてくれました。

四季によって景色が変わっていくのはもちろん、春に限っても、春の初めはまだ雪が残り、空気が冷たい。だから木々の芽もまだ固いのだそうです。そして葉が芽吹きはじめた頃の黄緑と、成長して広がっていくときの黄緑、広がりきったときの黄緑と太陽高度が上がった後の葉の緑と、同じ春でも景色は違い、一日として同じことはないそうです。

葛西くんの話からわかる通り、体験活動、特に自然とふれあう活動では、**「繰り返す」のは非常に重要なことです**。繰り返すことで子どもの感覚は鍛えられ、より繊細な変化に気づけるようになるのです。

彼は図工が非常に得意で、特にデッサン力と色彩感覚は群を抜くものがありました。それは、このおばあちゃんと繰り返す登山の中で培われた、鋭い観察力のたまものだったのだろうと思います。

絵画や版画でコンクールの賞を総なめにしていった彼ですが、意外にも絵の道には進まず、北海道大学の農学部へ進学していきました。繰り返す八甲田山とのふれあいの中で、彼の自然に対する感性は磨かれ、自然に対する愛情を追究する道を見つけたのでしょう。

登山は、小さな積み重ねが大きな成果を生むことを実感させるのに最適な活動です。努力や忍耐力のもつ力の大きさについて、親子でともに実感し、ともに語り合うことは、子どもの生きる力としての「新しい学力」を支える、力強い土台となってくれるでしょう。

失敗したときこそ成長のチャンス

「ご先祖様を探る旅」「ボランティア活動」「登山」、この三つの体験活動だけを見ても、子どもはさまざまなことを感じ、いろいろなことを学んでいます。なかでもよかったことは、失敗を経験したことです。

「ご先祖様を探る旅」では、当初の予定より大きな収獲があったため、1泊2日の旅ではすべてを回りきることができませんでした。夏の登山では、念入りに計画を立てたにもかかわらず、やっとの思いで下山をすることになりました。これらは偶然も重なったので失敗とはいえないかもしれませんが、「だったら、どうしたら良かったのだろう？」と考えるいいきっかけになりました。

体験活動における失敗は、「計画不足」「時間不足」「情報不足」のいずれかが原因であることが多いと思います。子どもと体験活動をするときは、「失敗はどんどんしていい。でも、失敗させるだけではなく、そのあとに必ず再チャレンジする」ことを前提にしておいてください。「計画不足」で見たいものが見られなかったら「どんな手順だったらよかったのかな？」と聞く。「時間不足」で目的地までたどり着けなかったら「あとどれくらい時間が必要だったのかな？」、「情報不足」で困ったら「あと何を調べておけばよかったのだろう？」と、はじめは親が問いかけをしてあげるといいと思います。

そのときには、**「失敗したのは計画であって、あなた自身ではないんだよ」と伝えてあげてください**。失敗させるだけで終わってしまうと、子どもは自信をなくしてチャレンジを避けるようになりかねません。

そうならないために、失敗の原因を見極めて、修正案を考えさせる働きかけをしてあげましょう。そうすれば、「次はきっとうまくやってみせる」と前向きになれるはずです。

そして実際にうまくいけば、それが大きな自信となります。

こうした経験を積み重ねていくと、子どもの成長とともに親が問いかけをしてあげなくても、「今回は何が足りなかったのだろう?」「何が必要だったのだろう?」と自分で考えるようになります。この「自分で考えて、自分で立て直す」ことは、受験勉強でも大いに役立ちます。それだけでなく、これからの人生でいくつも出会うであろう困難にぶつかったとき、自分の力で乗り越えていけるようになります。

第5章

子どもの「成長しようとする力」を引き出す親の思考

「子育ての目標」を夫婦でしっかり話し合う

「四つの習慣」と「体験活動」が積み重なった子どもは、自ら学ぶようになる。これが、私がおすすめする「新しい学力」を伸ばす親のかかわりです。

もっとも、はじめからこうしたらいいとわかっていたわけではありません。夫婦で試行錯誤しながら、このようなかかわり方が望ましいのではないかという確信を徐々にもてるようになったというのが、本当のところです。

ただ、私たち夫婦はともに教師であったため、日ごろから多くの子どもたちとその保護者と接する機会が多くあったことは大きかったと思います。わが家の子育てを確立していく過程で、大いに参考になったのが「子育て上手」の親御さんたちの子どもへの接し方や心の持ちようです。この章では、そんな親御さんたちが心がけている習慣をご紹介していきたいと思います。

一つ目は、子育ての「目標」は、はっきりしていますか？　というお話です。

いきなり「子育ての目標は？」と聞かれて、はっきり「こうです」と答えられる方は、少ないかもしれません。でも、多くの方はきっと、言葉にはせずとも「子どもが幸せに生きていくこと」を願って子育てをしていることと思います。そして、これはそのまま、子育ての「目標」といってしまっていいものだと私は考えます。

なぜかというと、二千年以上も人々に示唆を与え続けているギリシャの哲人・アリストテレスが、著書『ニコマコス倫理学』のなかで、「幸福こそ最高の善である」と言っているからです。**幸せになることこそが人間にとっての最高善なのですから、「子どもが幸せに生きていく」ことは、子育てにとって最高の「目標」といっていいでしょう。**

ただし、「目標である」ということを、親がしっかり認識しておく必要はあります。「覚悟しておく」といってもいいかもしれません。

例えば、子育てには迷いや悩みはつきものですね。

「子どもがやりたいと言って始めた習いごとなのに、行きしぶりをし出した。このまま子どもの言うことを聞いていていいのだろうか……？　わがままで、なんでもすぐにあきらめてしまう子にならないだろうか……」

「まわりの友だちが中学受験をすると言っている。ウチも中学受験をさせたほうがいいのだろうか……」などなど。

そういうときこそ、この「目標」が大事になってきます。

中学受験に向いてない子は一定数いる

この世に「子どもの幸せ」を願っていない親はいないと思います。一部には育児を完全に放棄してしまったネグレクトもいますが、多くの親は「わが子には幸せになってほしい」という思いで子育てをしていることでしょう。むしろ、最近の子育てはその思いが強すぎるあまり、子どもが将来困らないように何でも先回りをする傾向があります。

子どもが勉強で困らないようにと、幼児期のうちから学習塾に入れておく。子どもが大学受験で苦労しないように、中高一貫校に通わせる。これは一見、子どもの幸せを考えているようですが、実は親である自分が安心したいだけではないでしょうか。

もちろん勉強が大好きで、中学受験を楽しみながら挑戦する子は一定数います。ただ、一方ではやらされ感を募らせてイヤイヤ勉強している子も大勢います。この状態を「幸せ」と言えるのでしょうか？

子どもが「不幸せ」になるのであれば、受験はやめればいいでしょう。あるいは、とりあえずチャレンジしてみて、「不幸せ」になっているようであれば、途中でやめてもいいと思います。**「わが子の幸せのために」と始めた中学受験で子どもが勉強嫌いになったり、まだいくらでも可能性にあふれている小学生が、「僕は勉強ができない子なんだ……」と自己肯定感を下げてしまったりするくらいなら、やらないほうがよっぽどいいです。**

親がわが子をしっかり「見て」あげて、「この子ならきっと受験勉強を楽しんで取り組めるだろう」と思えれば、途中からでもチャレンジすればいいのです。

大切なのは、正解を知っているのは、あなた方親子だけだということです。

テレビや雑誌で、「中学受験したほうがよい」と言っていた。フォロワーの多い東大生の子をもつ親がＳＮＳで「中学受験しないといけない」と言っていた。こうした情報に、親は踊らされない強さが必要です。こうした情報の真偽は、あなたの「子どもの幸せ」を通してしか、確かめられないからです。

正解は一つではないのです。そして、何が正解かは、親であるあなたが、子どもを「見る」ことによってしか、判断できないのです。

「親と子は別人格」を常に意識する

そんな私も、自分の価値観をわが子に求めてしまうところがありました。

学生時代にサッカーをやっていたため、息子が生まれたときに「この子にもサッカーをやらせたいな。一緒にパスができたら楽しいだろうな」と、漠然とした夢を抱いていました。小学2年生になって、いよいよクラブチームに入れる学年になり、子どもをそこに入れようと見学に行ってみました。

ところが、子どもの反応はイマイチ。他の子が意気揚々とボールを蹴っている横で、心ここにあらずであったり、別のことに興味がいっていたりしていました。そんなわが子を見て、少しもどかしさを感じましたが、妻の考えは違いました。

あとの章で詳しく触れますが、実は息子には発達障害の気質が少しあります。特に乳児期のころは、「なかなか寝てくれない」「まわりの子と行動を合わせることができない」など非常に育てにくい子でした。その後、ある保育園と出会ってからは少しずつ落ち着いてきましたが、やはり生まれもった気質が変わるわけではありません。

サッカーはチームスポーツで、集団行動が基本です。出番がないときには待ち時間があるし、他の子を応援しなければなりません。しかし、息子はそういう集団行動がとても苦手な子でした。それをよくわかっていた妻が「やっぱり、あの子には集団行動は苦痛だと思うから、チームスポーツはやめたほうがいいと思う」と言ってきたのです。

「たしかに、そうだな」と思いました。生まれてからずっと子どもを見てきて、この子がどんな気質の子であるかを十分理解していたはずなのに、自分の思いを託してしまったことを反省しました。ただ、体力をつけるためにも、何か運動はさせたいと思っていました。そこで、チームスポーツは難しいけれど、自分のペースで体が動かせる登山やスキーに連れていくことにしました。こうして、夏山の登山と冬山のスキーが、わが家の定番体験活動になったのです。


子育てのなかで迷うことがあったら、いつでも「子どもの幸せ」にもとづいて考えてみることです。一人で考え込んでしまうと、思い込みに陥ってしまうことがよくあります。その判断が親のエゴになっていないか、夫婦でよく話し合うことが一番の解決策です。

私たち夫婦は、これまでに何度も、何度も話し合いました。ときには意見がぶつかることもありましたが、「子どもの幸せのために」腹を割って本音で語ったから今があるのだと思っています。

子どもの「成長する力」を信じてあげる

二つ目は親だけではなく、命あるものの成長にかかわる、すべての人がもつべき信念のお話です。それは、**自分がかかわろうとしている目の前の対象（相手）は、必ずその身体の内に、「よくなろうとする力」「伸びようとする力」「成長する力」を秘めている、と信じることの大切さです。**

完全無農薬りんご栽培を実現させた、「奇跡のりんご農家」である木村秋則さんをご存じでしょうか。その仕事ぶりは、本や映画にもなっていますし、ＮＨＫの『プロフェッショナル　仕事の流儀』で紹介されたりもしたので、ご存じの方も多いかもしれません。

りんごの完全無農薬栽培は、農業技術研究所の研究員たちが不可能だと言っていました。それを10年以上におよぶ試行錯誤の末、実現させたのが木村さんなのです。

木村さんは、「農家はまず、りんごの木の生命力を信じるべきだ」と言います。そのうえで、「農家の目が肥料となり、薬となる」というのです。

どういうことかというと、りんごの木を「見る」ことがりんごの木の生命力を引き出し、農家の適切な対応を可能にする、ということです。農家が適切に対応すれば、りんごの木は農薬がなくても害虫に負けないし、肥料がなくてもきちんと甘い実をつけます。

木村農園では、通常、毎月行う草刈りを、春と秋の二回しか行わないそうです。また、増えすぎた害虫の卵を手で摘み取ることはありますが、基本的には農園に生息する生物間の食物連鎖に任せているそうです。

これは、相手（りんごの木）の「成長する力」を信じているから可能なことです。信じているからこそ、相手に適度な負荷がかけられる。相手に少しだけ無理をさせることで、より力強く、相手の成長する力を引き出しているのです。

また、「見て」いるからこそ、どのくらいが適度な負荷なのかを知ることができます。過度な負荷（放任）でも、軽すぎる負荷（先回り）でもない、相手の成長する力を引き出すのに適切な負荷をかけることができるのです。

私は、この木村さんの思想は、命あるものの成長にかかわる、すべての人にとっての真実だろうと考えています。農家だけではなく、親も、教師も、上司も、先輩も、まずは**相手の「成長する力」を信じるところからスタートしなければなりません。**

“やりたいこと”は子ども自身が知っている

第2章の「見て待つ」の説明のところで、「見て待つことができなかった」親御さんの話をお伝えしました。今度は同じバスケットクラブに所属していた別のご家庭の話です。

その田中くんが練習に行きたがらなくなってきたころ、一つ下の学年に花田さんという女の子がいました。花田さんも運動神経がよく、いずれはレギュラーになる見込みのある子でしたが、チーム内の人間関係がうまくいかず、練習に行きたがらない状態が続いていました。それに気づいたお父さんは、すぐにチームを辞めさせました。いくらバスケットボールに見込みがあっても、本人がつらい思いをしているなら続けさせる意味はないと考えたからです。

しかし、子どもの健康のためにも何か運動はさせたいと思っていました。また、花田さん自身も運動能力の高い子だったので、何か運動はやってみたいと思っていたようです。そこから、お父さんの試行錯誤が始まりました。

お父さんはまず、花田さんをスイミングスクールに入れてみました。花田さんは泳ぐことが苦手ではありませんでしたが、楽しいとは思わなかったようです。楽しくないのなら続けなくてもいい。そう思ったお父さんは、次にカーリングクラブに見学へ連れて行きました。青森県にはカーリングクラブがいくつかあるので、花田さんの反応を見てみたいと思ったそうです。ところが、花田さんは体験教室では楽しく取り組んでいたものの、そのままやってみたいという気持ちにはならなかったようです。その後、お父さんはダンス教室にも連れて行ってみましたが、反応はいまひとつでした。

でも、お父さんはあきらめませんでした。誤解しないでいただきたいのは、花田さんのお父さんは「何がなんでもスポーツをやらせたい」という、ド根性タイプの人では決してありません。お父さんが大切にしていたのは、花田さんの「成長する力」です。花田さんには優れた運動能力がある。でも、それを生かせる環境がまだ見つからない。だけど、環境さえ見つかれば、この子はきっともっともっと伸びていくはずだ、そう信じていたのです。だからこそ、の試行錯誤だったのです。

最終的に花田さんが開花したのは、新体操でした。花田さんは体を動かすことと同時に、何かを表現することが好きだったのです。新体操クラブで自分の居場所を見つけた花田さんは、メキメキと力を発揮していきました。5年生のころにはバク転もお手のもので、学校でもみんなの憧れになっていきました。

これは、花田さん自身の才能や努力の結果ともいえますが、お父さんの「わが子の力を信じ続けた」ことが大きかったと思います。花田家の場合は、お父さんが率先して下調べをしたり、見学に連れて行ったりしていましたが、その後の送り迎えなどはお母さんが献身的にフォローしていました。夫婦で協力しながら、子どもを支えられたのは、二人の間に明確な「子育ての目標」があったからでしょう。

もし、この目標を認識しないまま子育てをしていたら、お父さんは花田さんを「見て待つ」ことをしなかったでしょう。それどころか、花田さんがバスケットクラブを嫌がっていることにさえも気づかなかったかもしれません。仮に花田さんのほうから辞めたい理由を言ってきたとしても、「この子は、人づき合いが苦手な子なんだな」と短絡的な解釈をしてしまっていたかもしれません。

でも、お父さんは子どもをよく「見て待ち」ました。今はまだこの子に合った環境が見つかっていないだけ。良い環境さえ見つかれば、この子はきっと伸びていく、と**わが子の「成長する力」を信じていたからこそ、試行錯誤を続けてきた**のです。そして、花田さん自身も前向きだったのは、その過程で親子の会話がたっぷりあったからだと思います。

親が自分の人生を楽しんでいるか

三つ目は、自分の人生を楽しんでいますか？　というお話です。

私は、自分の人生を楽しんでいる、あるいは人生が充実しているという状態は、地位や名誉やお金や成功とは関係がないと考えています。**自分の人生の「変更可能性を知り、試行錯誤を楽しんでいること」が大事**なのです。

どういうことかを説明する前に、まず、東京大学名誉教授で認知心理学者の佐伯胖さんの名著、『「わかる」ということの意味』（岩波書店）の引用から話を始めます。

唐突ですが、例えば「この大学には6人の学生に対して、教授が一人ついています。学生の数をS、教授の数をPとして、SとPの関係を式に表しなさい」という問題があったとします。この問題に、Aさんは、「学生（S）6人に対して、教授（P）一人だから、P＝6S」と答えました。

一方のBさんは、「両者の数を等しくしてやるには、教授の数を6倍してやるとよい。

学生の数は、教授の数の6倍だから、S＝6P」と答えました。

どちらが正解で、どちらが本当に「問題の意味がわかっている人」か、おわかりになりますか？　ちなみにこの問題は、文系大学生で4割、理系大学生で6割の正答率だそうですから、間違っても気にしないでください。正解はBさんです。

佐伯さんは、この二人の大学生に対して、以下のような分析を行っています。少し長くなりますが、「学ぶ」とはどういうことか、その本質にかかわる多くの示唆を与えてくれるものですので、自分の経験に引き寄せて読んでみてください。

> 「『わかっている人』というのは、与えられた問題の中のいくつかの項目を、自分で動かしてみているのです。学生の数と教授の数を等しくするように、教授の数を増加させているのです。問題の中で与えられた事態を、問題の制約の範囲内で変化させているのです。（中略）つまり、わかっている人というのは、与えられた課題を与えられたものとみなさないで、自分自身で『わかるべきこと』を設定し直すことができるのです。（中略）それに対して、『わかっていない人』というのは、与えられた課題の中では、何も変えてはならず、問題として求められていること以外は、何も求めてはな

らないと思い込んでしまうのです。したがって、答えを出すというのは、『正しい求め方』というものに正しくしたがって出すということ以外にありえないと思っているのです。正答を出すというのは、一種の儀式であり、セレモニーなのです。」

『「わかる」ということの意味』（岩波書店）

私は、この佐伯さんいうところの「わかっている人」こそが、「人生を楽しんでいる人」であろうと考えます。佐伯さんのいう「わかっている人」とは、つまり、「自分が働きかけること（試行錯誤）で、与えられた環境は変えられる」と知っている人です。それは、「問題を解く」という行為にとどまらないはずです。

「人生を楽しんでいる人」というのは、自分の働きかけによって、与えられた環境は変わっていくのだと知っているので、自分の人生にさまざまな働きかけをし、試行錯誤して生きています。それは、自分の人生における試行錯誤と、その影響による環境や自分の変化を、失敗も含めて楽しんでいることを意味します。

このような人はきっと、親として子育てを自分の人生の一部と捉え、試行錯誤を楽しむことでしょう。先ほど、例に挙げた花田さんのお父さんがまさにそういう人です。

過程を大事にするプロセス主義へ

子育てに絶対の正解などありません。「正しい」子育ての姿があり、それに従うことでしか正解にたどり着けないと考えるのは、「わかっていない人」のやること。**私たちの人生やわが子の人生には、決まった正解やそこに至る決まった方法などない**のです。

繰り返しになりますが、私は「人生を楽しんでいる」というのは、自分の人生も含めた、「世界の変更可能性を知っている」ことだと考えます。必要なのは、「正しい答えの求め方」ではなく、「試行錯誤を楽しむ」気持ちです。

子育てを楽しんでいるな、と感じさせる親御さんには、失敗したり成功したりする試行錯誤の過程そのものを楽しんでいるという共通点があります。なぜ失敗しても楽しめるのかというと、「結果をゴールにしていない」からです。

子育てを楽しんでいる親は、子どもが難関大へ行くことがゴールだとは思っていませんし、オリンピック選手のようなアスリートになることがゴールだとも思っていません。そうではなく、難関大を目指す受験勉強のなかで、あるいはアスリートを目指すさまざまな努力のなかで、その後の人生を力強く生きる力を育むことを願い、目標としています。

そのため、子どもをほめたり励ましたりするときの視点が、「結果」ではなく、「過程（試行錯誤）」に向かうのです。スポーツでいうなら、「勝利を最終目標にする」のではなく、スポーツの経験を通じて、その後の人生に生かしていけるような、努力することの大切さや忍耐力、ピンチをしなやかに乗り越え立ち直るレジリエンス力、仲間と一緒に成長する協調性などを学ぶことを最終目標としているのです。

この目標設定の違いが、子育てを楽しめるかどうかの差になっています。

親がいつも前向きでいられるか

最後は、前向きであることとの意味と重要性についてです。

これは、前項の佐伯さんの話とつながっています。なぜなら、「前向きである」とは、「世界の変更可能性を知っている」ということでもあるからです。

自分の働きかけによって、今ある環境は変えられるとわかっている人は、たとえ今はできなかったとしても、失敗していたとしても、前を向いて進んでいけます。今を変えられると知っているので、困難を克服するための試行錯誤ができるからです。

よく勘違いされますが、「前向きである」ことと「楽観的である」ことは違います。どちらも、困難に対して人間がとる態度ですが、その中身は大きく異なります。

「楽観的」とは、現実にかかわらず前へ進もうとする態度です。これに対し、「前向きである」とは、できないという事実や失敗したという現実を一度受け止めたうえで、それを克服して先に進む方法を考える態度です。

この「前向きである」ことは、親にとって非常に重要です。そのことを如実に示してくれるお話があります。医学部専門の受験指導を行っている友人から聞いた話です。

医学部に合格する子の親には、合格できない子の親とは明らかな違いがあるそうです。それは、「結果が悪かったときの反応」です。

ご存じの通り、医学部受験はハードルが高く、誰もが簡単に合格を手に入れられるわけではありません。一浪、二浪、三浪……、それ以上もまだまだある世界です。

残念ながら受験に失敗してしまった、不合格になってしまったというとき、翌年以降に合格できる子の親は、前向きな反応ができるのだそうです。

「結果は残念だったけど、課題が明確になったんじゃない？」とか、「一発で合格した人が知ることのできない世界を、あなたは知ることができた。それは、後々のあなたの人生にきっとプラスになるはずよ」といったように。

一方、翌年以降も合格できない子の親は、「今年は残念だったけど、来年はきっと大丈夫だよ」と現実からかけ離れた楽観的な発言をしたり、「部活ばかりして（遊んでばかりいて）、勉強してなかったせいだ」と子どもを責める後ろ向きの発言をしたりします。

受験に失敗するという、子どもが人生最大のピンチを迎えたとき、親も一緒になって動揺してしまったり、あるいは不都合な現実を直視できなかったりする場合、医学部には絶対合格できないのだそうです。

これは医学部でなくても当てはまる話です。「前向きである」というのは、困難な場面や逆境に立たされたときにこそ、その真価が発揮されます。

これまで「見て待って」きて、自分の子どもが持っている力を知っているからこそ、このような態度がとれるのです。**「この子にはこんなすごい力があるんだ」と信じること。それこそが親のあるべき姿であり、子どもを伸ばす秘訣なのでしょう。**

第6章

発達障害、不登校を克服した親子がやったこと

「四つの習慣」は、発達障害の子にこそ有効

ここまで、難関大合格に必要な「新しい学力」とは何か。そして、その力を育てるにはどうすればいいのかを考えてきました。最終章となる本章では、これまでの章とは少し方向性を変えて、発達障害や不登校に関して考えていきます。

もしあなたのお子さんがいわゆる定型発達なのであれば、本章は読みとばしていただいて結構です。発達障害や不登校・引きこもりに関心のある方は、読み進めてください。

ここまで散々、「難関大合格のためには」とお話ししてきました。しかし本当のことを言えば、わが家の場合、事実は逆なのです。

どういうことかというと、私が子育てのなかで、「四つの習慣」や「体験活動」を重視してきたのは、実はわが子の発達障害対策だったのです。**難関大合格は、その副産物と言ってもいいもの**でした。

少しだけ、昔話におつき合いください。

私の子どもは、非常に過敏な、いわゆる「繊細で育てにくい子」でした。新生児期、乳児期、幼児期と経るなかで、だんだんと落ち着いていき、いくらか育てやすくなっていきましたが、新生児期から乳児期にかけては本当に大変でした。

何が大変だったかというと夜泣きです。「夜泣き」と言っても昼間も、四六時中泣きます。なぜ泣くのかというと、眠れないからです。彼は感覚が繊細すぎて、ちょっとした刺激にも過剰に反応してしまい、眠りたいのに眠れない。そして、苦しいから泣くのです。

物音や光に過敏に反応し、眠っていてもすぐ目を覚まして泣き叫びます。温度差や皮膚感覚にも敏感でした。ベッドの硬さや温度、肌触りが気に入らないと泣きます。湿度が40％を下回ると、空気に触れている部分の皮膚がかさかさになってきて、泣きます。

いろいろ試行錯誤した結果、彼が眠れるのはスリングという抱っこひもに入って、お互いの体温が伝わるくらいの薄着で、くっついて揺すぶっている間だけだとわかってきました。でも、それを実行するのは大変です。妻は日中の授乳と抱っこでヘトヘトです。

特に苦しかったのは夜です。抱っこしていないと眠らないのは夜も同じです。妻を眠らせなければいけないので、私は子どもを抱っこして歩き、授乳の20～30分間だけ眠り、授乳後、再び抱っこして歩く……、ということを、一晩中くり返しました。家の中で抱っこしていると、立ったまま眠ってしまうので、大雪の日以外は、冬も外を歩きました。肌着にスリングをかけ、子どもを抱っこしてからオーバーサイズのスキーウェアを着込んで歩きました。ゆっくり眠れないことが苦しくて、苦しくて、「いつまでこの苦しみが続くのだろう……、誰か助けてください！」と泣きながら歩きました。

何度も、何度も絶望感を味わいました。自分の命も子どもの命も、投げ捨ててしまいたいという衝動に駆られたのも、一度や二度ではありません。

ただ、そんな苦しみのなかでもなぜか、「今、ここが正念場だ」という確信がありました。今、ここで手を抜くことは、この子の人生と私の人生に決定的なダメージを与えると、肌感覚でわかっていたのです。これはもう理屈ではありません。ただ、「そうである」「そうとしかありえない」とわかっていた、としか言えません。

こんな苦しみの日々を2カ月ほど続けたころ、子どもの様子に、少しずつ変化の兆しが見えはじめます。布団を人肌に温め、子どものお気に入りのバスタオルでくるむと、短時間ではありますが、ベッドで眠れるようになったのです。おかげで私も、3時間ほど眠れるようになりました。それでも、夜は3時間ごとに起きて、抱っこして歩くことには変わりありませんでしたが……。

ただ、このころになると、抱っこしている感覚も、新生児のころとは比べものにならないくらい、柔らかいものとなりました。身体をこちらに預けてくれているのが、わかるようになったのです。それまでは、抱っこされて眠っていても、身体をこわばらせて緊張した状態だったのです。

ある保育園で知った待つことの大切さ

それからだんだん、彼の取り扱い方がわかってきました。車やバス、電車の振動は心地いいらしく、乗車中はよく眠れること。ショッピングセンターのような、人が多く、視覚や聴覚に人工的な刺激の多いところへ連れて行くと、夜泣きがひどくなること、などです。

そうこうしているうちに一年が過ぎ、妻が復職することになりました。子どもにとっては保育園デビューです。

「いろいろ過敏な子で、難しいところが多い子です」と保育園には説明したのですが、案の定、夜泣きが逆戻りしてひどくなってしまいました。それまで4、5時間ほどは私も眠れるようになっていたのですが、この最初の保育園に通わせている間は、親子ともども、夜はほとんど眠ることができない状態でした。

はじめは、集団生活の影響かと思い、様子を見ていたのですが、同じ状態が1カ月以上続きました。あまりにも子どもの様子がおかしいので、園に問い合わせたところ、他の子と同じような行動がとれないため、別室でひたすらテレビアニメを見せている、テレビを見せている間はおとなしくできる、とのことでした。

一年かけて、だんだんと現れるようになってきていた子どもの表情が、みるみる失われてきていたので、納得の回答でした。このままでは子どもが壊されてしまうと思い、その日のうちに、その保育園は退園しました。

妻か私が退職し、家庭で育てることも考えました。しかし、夫婦で話し合った結果、一つの可能性を試してからでも、退職は遅くないという結論に至りました。その可能性というのが、「斎藤公子メソッド」を実践している保育園への転園です。

斎藤メソッドは、さまざまなバリエーションがあるので、一概には言えないのですが、簡単にまとめるとすると、「徹底した自然保育」といえると思います。

私の子どもを通わせることにした保育園は、一日中裸足で、泥遊びと畑仕事と動物の世話をひたすら行っているところでした。ほとんどの時間を外で裸足のまま過ごし、室内では絵本の読み聞かせや絵画、リズム遊びや器械運動、そして床のぞうきんがけをしていました。リズム遊びなどに使う音楽も、CDなどは一切使わず、生ピアノと生楽器の演奏だけで行っていました。デジタルデトックスが細部に至るまで、徹底されていたのです。

そして、**子どもがパニックになって泣き叫んだとしても、「子どもの立ち直る力」を信じて「待つ」ということが、教師の共通理解にもなっていました。**斎藤公子さんの保育実践は、健常児と障害児が共に学ぶインクルーシブ教育からスタートしているため、障害のある子への対応として、このような理念が基本に存在しているのです。

この保育園に転園してからというもの、子どもの夜泣きはまったくなくなったわけではありませんが、どんどん少なくなりました。そして、小学校中学年ころには、ついに完全になくなったのです。

発達障害を軽減してくれたデジタルデトックス

もちろん、子どもの障害がなくなったわけではありません。自分の感覚や気になることのほうが、一般常識やルールより優先してしまうので、小学生のころは物の管理や片づけがまったくできませんでした。教科書やノート、筆記用具などをそこら中に落として歩くのです。そのため、「〇〇くん（私の子どもの名前）箱」というものが教室に設置され、私の子どもの持ち物を見つけたら、その箱に入れるという暗黙のルールが存在していたくらいです。

ただ、この保育園へ通っていたことで、小学校でパニックになったり、泣き叫んだりするようなことはありませんでした。おおらかで気の合う仲間を見つけて友だちになったり、きちんと座って先生の話を聞いたりできるようになったのです。

このような経験談から、「四つの習慣」がわが子の発達障害対策であったことがおわかりいただけたかと思います。

まず、何より重要だったのが、デジタルデトックスです。テレビを見せることが、どれほど子どもの障害と睡眠に悪影響をおよぼすか、身をもって経験したからです。

そして、「見て待つ」習慣。「見て待って」くれる環境が、子どもの障害の苦しさをどれほど軽減してくれるか、これも身をもって経験しました。周囲がきちんと「見て待って」

あげれば、子どもは自らの成長する力によって、障害をなくすことはできなくても、それを環境に合わせてコントロールする術を身につけていくのです。

読書習慣と会話習慣、それに体験活動は、デジタルデトックスを継続していくための工夫でした。こうして続けていった「四つの習慣」と「体験活動」が、最終的には早稲田大や大阪大の現役合格へとつながっていったのです。

発達障害を簡単に言ってしまえば、脳の反応のアンバランスさなのだろうと思います。多くの人があまり感じない刺激に対して敏感であったり、あるいは、多くの人が敏感な刺激に対して鈍感だったりするからです。

しかしこれは、結局のところ程度の問題であり、決して問題行動などではないのです。周囲の反応や本人の習慣によって、いくらでも改善できます。

体験活動は、不登校・引きこもりの子にも有効

最後は、不登校や引きこもりについて、考えていきたいと思います。

近年、不登校や引きこもりが増加し続けています。教師を25年間してきましたが、ここ十年で本当に増えたな、と実感しています。不登校の原因は、いじめ問題など本人には否がないことも多くあります。こうした場合の対処方として一番いいのは「環境を変える」ことだと思います。もちろん、現場の教師たちも真剣に対策は行います。

しかし、昨今のデジタル機器を駆使したいじめは本当に複雑な構造になっていて、すべてを根絶させるのは非常に難しいのです。その時間、苦しい思いをしなければならないのなら、逃げたほうがいいと私は考えます。不登校や引きこもりの原因は子ども同士のいじめの他に、授業への不適応、教師の体罰など多様な原因が存在します。

そのなかには親子関係が原因になっているケースも多々見られます。この項では、そこに絞って説明をしていきます。

原因の一つは、**親の先回り型子育てによる失敗体験の不足**です。これによって「自分にできないことはない」という幼児性から抜け出せなくなり、現実という圧倒的な壁を前に立ちすくんでしまう。このような現象が不登校や引きこもりを引き起こしています。

もう一つは、**親の放任型子育てによる過剰で不適切な失敗体験**です。これにより、子どもは「自分には何の能力もない」という無力感にとらわれてしまい、生きる気力を失ってしまう。これが不登校や引きこもりにつながります。

このどちらかに当てはまる場合、「四つの習慣」を活かした「体験活動」が、立ち直りには非常に有効です。

体験活動を通して適切に失敗体験を積むことで、子どもは自らの幼児性と折り合いをつけられるようになります。また、失敗から適切に立ち上がる経験を積むことで、自分の人生への信頼を回復することができます。

成長を妨げていたお母さんの先回り

具体例として、私が生徒指導主任として適応指導にかかわった事例を紹介します。

古田くんは発達障害がある子で、子ども園時代から「療育」と呼ばれるデイサービスに通って専門の適応訓練を受けていました。療育に通っていることからもわかる通り、古田くんの障害に対するお母さんの意識は、とても高いものがありました。

しかし、思いの強さゆえか、息子が障害に直面するような場面を排除しようとする傾向があります。障害の存在を、本人や周囲にひた隠しにすることもありました。

療育に通う必要があるほどの障害の場合、子どもに不必要な刺激やストレスを与えずにすむため、本来は通常学級にいるより支援学級で過ごすほうが適切です。しかしお母さんは、こども園からどれだけ勧められようとも、決して支援学級に入れようとはしませんでした。本人や周囲に障害があることを知られるのを何より恐れていたのです。

古田くんは自分ができないこと、わからないことに直面すると、パニックになり、泣き叫びだして、その場から逃走してしまいます。ですからお母さんは、そういう場面を徹底して排除しようとしていました。

しかし、小学校への入学というのは、園での生活とは大きく異なり、子どもにとってはわからないことだらけです。お母さんは校長に直談判して許可をもらい、登校から下校まで、教室で彼につきそって過ごしていました。そしてパニックにならないよう、四六時中、細心の注意を払っていました。ところが、お母さんがこれだけの労力を払っていたにもかかわらず、2年生の後半ごろから、彼はだんだん学校へ来られなくなりました。

原因は、友達ができなかったことです。

古田くんは、自分ができることをクラスの仲間ができないのを見ると、ひどくけなす行動に出てしまうのです。自分がわかるのに、他人がわからないような状況でも同じです。これは、実は彼の障害の裏返しなのだろうと思います。自分がわからないことやできないことに直面したとき、その批判の矛先が自らに向かう。それによってパニックになる。他人ができないことやわからないことに直面したときは、その矛先が他人へ向かう。そういうことなのだろうと思います。

多くの子が幼児性や自己中心性を残している1年生のときならまだしも、2年生、3年生となっていけば、この古田くんの態度は、子ども同士の人間関係のなかで当然浮いてしまいます。担任も一生懸命フォローしたため、周囲の子が彼をいじめるようなことはありませんでしたが、それでも積極的にかかわろうとする子はいなくなっていったのです。

お母さんの覚悟が事態を好転させる

彼が学校へ来られなくなってしまってから開かれた校内の不登校支援会議の席で、私がここまで書いてきたような事実と見立てを話したところ、私とお母さんが直接話し合いをする機会が設けられることになりました。

当日は、スクールカウンセラーにも間に入ってもらいました。そしてじっくり、お母さんのこれまでの苦労や思い、彼の不登校に対する思いなどを聞き出してもらいました。すると、私と同じ見立てをしていることがわかったのです。

それならば、と私も自らの発達障害の子育て経験を語り、お母さんに三つの行動を試してもらうよう提案しました。

一つ目は、家庭でパニックの排除（先回り型子育て）をやめること。二つ目は、パニックになったときは本人が落ち着くまで「待つ」こと。三つ目は、落ち着いた瞬間を見逃さず、「自分で落ち着けたこと（自分で失敗から立ち上がれたこと）」を認める声がけをすることです。大変だけれども、しばらくはこの三つをがんばってほしいと話し合い、その日は別れました。

そして2カ月ほど経ったころ、再びカウンセラーとともに、お母さんと話し合いの場をもちました。さすがは専門家で、カウンセラーはお母さんの苦しい胸の内を上手に引き出してくれました。その苦しみのなかでも、お母さんは、子どもがパニックから落ち着く度に、「力強さの欠片のようなものが、子どもの中にたまっていくのがわかるようになってきた」と話してくれました。

そこで今度は、家庭だけでなく学校や放課後、デイサービスなどでもこの2カ月と同様、彼を「見て待ち」「声がけする」環境をつくってみませんか、と提案しました。するとお母さんは長い沈黙の後、「よろしくお願いします」と言いました。

長い沈黙は、お母さんの覚悟を語っていました。その後のお母さんの行動には、本当に頭の下がる思いでした。なんと彼女は、参観日の後の保護者会で同級生の保護者全員に向かって、涙ながらに息子の発達障害を告白したのです。そして、彼を「見て待ち」「声がけする」環境づくりへの協力を依頼したのです。

あれほど恐れていた息子の障害が知られることを、彼女は自らやってのけたのです。これはなかなかできることではありません。障害に打ち克つ親子とは、こういうものなのだな、と強く感じさせられる出来事でした。

お母さんのこの行動を機に、学級の雰囲気ががらりと変わります。古田くんの仲間をけなす態度やときおり起こすパニック、そしてお母さんが学級に入り込むことに眉をひそめる保護者も少なからずいたようです。それが、この告白をきっかけに変わりました。

保護者の意識が変わったことで、子どもたちの態度も明らかに変わりました。古田くんが学校に来られない日の放課後は、クラスの子どもたちが彼を公園へ連れ出し、一緒に遊ぶ姿が見られるようになったのです。

そんなことをすれば、もちろん、トラブルやパニックが起こります。でも、それでいいのです。起こることによってこそ、少しずつ古田くんを「見て待ち」「声がけする」環境が整っていくからです。

こうして半年後、古田くんは無事に登校を再開することができました。古田くん親子は、不登校を克服したのです。

克服できたのは不登校だけではありませんでした。周囲が「見て待ち」「声がけ」してくれるので、彼は自らの障害とのつき合い方を学び取ることもできたのです。6年生になるころには、発達障害があったことを少しも感じさせない学級のリーダーに成長し、立派に卒業していきました。

ここまで見てきた古田くんの事例からもわかる通り、**親子関係に起因する不登校や引きこもりは、適切に失敗させ、「見て待ち」「声がけする」ことで克服できる**のです。これらの対応は、「新しい学力」を育てることと何ら変わりがありません。

難関大はゴールではなく親子の人生の通過点

最後まで、本書におつき合いいただき、ありがとうございました。私たち親子の、そして、私が見てきた優れた親子たちの「中学受験しないで難関大学を目指す生き方」は、いかがだったでしょうか。

ここまでさまざま述べてきたことに対し、今さら否定するわけではないのですが、私は難関大合格が「善」だとは思っていません。子どもが幸せな人生を歩んでいくのに役に立つ限りにおいて、価値があるものだと思っています。

「四つの習慣」や「体験活動」を通して子どもが自ら学ぶようになったなかで、「異文化の環境に身を置いてみたい。外国で暮らしたい」というので、留学や国際交流の実績が高い環境を親子で話し合って選んだだけです。

もし、子どもの興味関心が受験勉強に向かないのであれば、あるいは、受験勉強が子どもを不幸せにしているようであれば、他の選択肢を考え、試行錯誤していたでしょう。

異文化環境で暮らしてみたいのであれば、大学へ行かずともＪＩＣＡの海外協力隊でもいいわけですし、国際交流基金の「日本語パートナーズ」でもいいわけです。

私たち夫婦は、「子どもの幸せ」を願いながら、子どもを「見て待ち」、試行錯誤をくり返してきました。そして今も試行錯誤を続けています。難関大はゴールではなく、私たち親子の人生の通過点でしかありません。

その過程で身についたのが、生きる力としての「新しい学力」だったのです。

「新しい学力」は、大学受験でなくても十分、子どもの人生の役に立ったでしょう。自ら学ぶようになった子どもが、「スポーツを極めたい。アスリートになりたい」と言ったとしてもです。「新しい学力」は自らの改善を求めて、試行錯誤していく力なのですから、無限で無敵です。誰もが経験をしたことがないこの不透明な時代に、自らの力で自分らしく人生を切り拓いていくための、最大の武器となるのです。

繊細で育てにくかったわが子を抱いて夜の街をさまよっていたころは、私たちはこの子を育て上げることができるのか、不安でいっぱいでした。でも、通っていた保育園で子どものへのかかわり方の基本を学び、わが家なりに試行錯誤しながら積み重ねていくなかで、いくつもの変化に出会いました。

「この子は私たちよりずっと、素晴らしい力をもっている」。そう気づくようになったのは、一人で英語の勉強を始めた小学校高学年のころです。それまでは、このかかわり方が良いのではないかと思いながらやっていたものの、確信は持てずにいたのです。しかし、子どもが自ら伸びていく姿を目の当たりにして、確信に変わっていきました。それは、私の想像をはるかに超えるものでした。

そのとき思ったのです。ああ、この子はもう大丈夫。自分の力で前へ進んでいける、と。

この本が、みなさんとみなさんのお子さんが、自分らしく、幸せに人生を歩んでいく一助になってくれるのであれば、これに勝る喜びはありません。

著者紹介

ヒロユキ先生
家庭教育コンサルタント、小学校教師。東京都立大学大学院で教育格差や不平等改善のための研究に打ち込んだ後、26 歳で青森県の小学校に教員として赴任。以後 20 年以上にわたり生徒指導担当として 2000 組以上の親子にかかわってきた。その中で、「子どもの学力が伸びるかどうかと、才能（知能）は関係ない」ことを発見。さらに「『自分で目標を定め、試行錯誤しながら成長していく、自立した子ども』の親に共通する習慣」を見い出し、自らの子育てに活かすことで子どもの難関大学合格を実現した。

中学《ちゅうがく》受験《じゅけん》なしで難関大《なんかんだい》に合格《ごうかく》する
「新《あたら》しい学力《がくりょく》」の育《そだ》て方《かた》

2024年 5 月30日　第 1 刷

著　　者　ヒロユキ先《せん》生《せい》
発 行 者　小澤源太郎

責任編集　株式会社 プライム涌光
電話　編集部　03(3203)2850

発 行 所　株式会社 青春出版社
東京都新宿区若松町12番 1 号 〒162-0056
振替番号　00190-7-98602
電話　営業部　03(3207)1916

印　刷　共同印刷　　　製　本　大口製本

万一、落丁、乱丁がありました節は、お取りかえします。

ISBN978-4-413-23359-0 C0037